ESO 1

VALORES ÉTICOS

Fernando Martínez Llorca,
José Javier Fernández Pereira,
Sebastián Salgado González

Inclusión
Incluimos a todo el alumnado en nuestras aulas.

Rigor
Aprendemos y trabajamos con rigor y creatividad.

Interdisciplinariedad
Relacionamos y aplicamos lo que aprendemos.

Familia
La gran colaboradora en el aprendizaje.

Pensamiento crítico
Fomentamos la diversidad de pensamiento.

Aprendizaje cooperativo
Cooperamos para afrontar tareas.

Las TIC
Usamos las nuevas tecnologías para conectarnos con nuestro mundo.

Competencias
Afrontamos desafíos en los que ponemos en práctica nuestras competencias.

Emprendimiento
Emprendemos para cambiar nuestro entorno.

Evaluación
Ofrecemos la más completa, ambiciosa e innovadora gama de herramientas para la evaluación.

ANAYA

CONTENIDOS DEL CURSO

Taller de valores	Emprender
Aplica tus competencias • ¿Tú qué harías? **Los valores en la historia** • Conflicto de intereses: refugiados y gorilas	**Creamos una campaña** • Iniciamos una campaña medioambiental
Aplica tus competencias • El caso de Vojislav Seselj. Libertad humanitaria **Los valores en la historia** • El valor de la persona	**Concurso «Documenta»** • Elaboramos un documental
Aplica tus competencias • ¿Legítima defensa? **Los valores en la historia** • Hitler, el comealfombras	**Redactamos una ley** • Ley de legítima defensa
Aplica tus competencias • La fábula de la rana y el alacrán **Los valores en la historia** • Alcanzar la mayoría de edad	**Me conozco a mí mismo** • La ventana de Johari
Aplica tus competencias • La historia de superación de Daniel Stix, el protagonista del anuncio de Cola-Cao **Los valores en la historia** • La nobleza de carácter y el valor	**Inventamos un código de conducta** • Código de conducta para jóvenes de Bill Gates
Aplica tus competencias • ¿Y si tú fueras un padre o el alcalde? **Los valores en la historia** • Hannah Arendt y la autonomía personal	**Publicamos una revista cultural** • *¡Qué caña!*

Bloques y unidades	Contenidos

Relaciones interpersonales

ASÍ ES TU LIBRO

1 La apertura de la unidad

- Cada unidad comienza con una breve presentación, a modo de introducción, de los contenidos que los alumnos y las alumnas van a estudiar.
- La distribución de estos contenidos se detalla en el apartado En esta unidad vas a estudiar, que puede servir como índice.
- En el apartado Reflexionamos, se propone un texto, complementado con actividades, sobre algún asunto relevante relacionado con los contenidos que se desarrollarán en la unidad.
- Mediante el apartado Dialogamos se pretende detectar las ideas previas a través del planteamiento de una serie de preguntas sobre el texto que se abordan de forma cooperativa.

2 El desarrollo de los contenidos

Los contenidos se presentan organizados en apartados, cada uno de los cuales ocupa una doble página.

En cada apartado:

- Se estructuran los contenidos en subapartados para hacer más clara y sencilla su exposición.
- Se ofrecen fotografías que refuerzan el aprendizaje de los contenidos tratados.
- Se proponen actividades para que los alumnos y las alumnas trabajen sobre los contenidos estudiados.

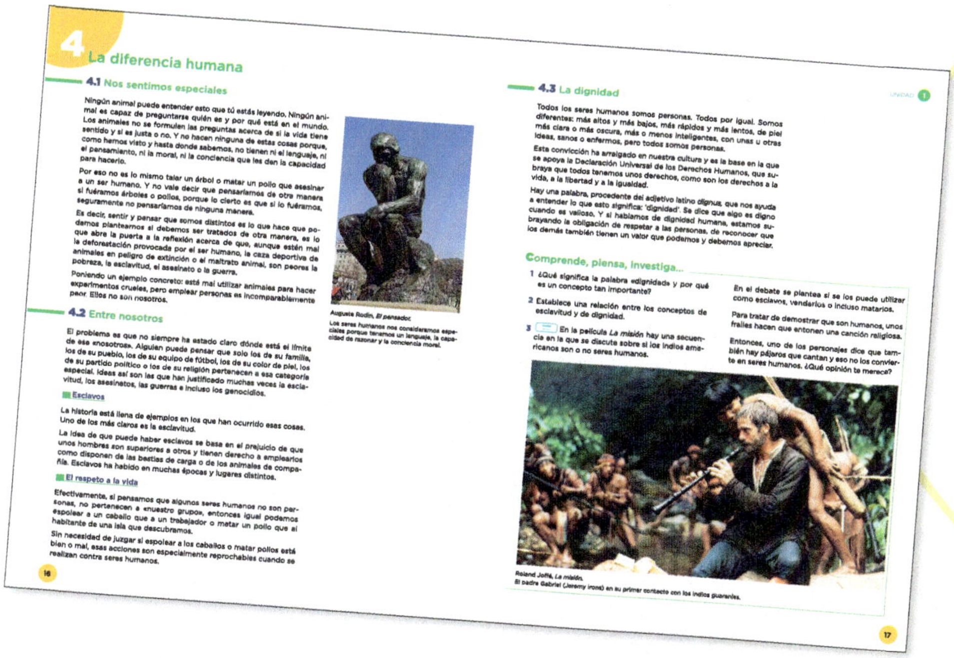

3 El trabajo con las actividades

Mediante las actividades se pretende que los alumnos y las alumnas participen activamente en su proceso de adquisición de valores.

Entre ellas, destacan dos tipos especialmente importantes en esta materia:

- Las que prentenden fomentar el Pensamiento crítico, para desarrollar la propia personalidad moral.
- Las que requieren del Aprendizaje cooperativo, pues los valores se adquieren en un grupo de referencia.

4 Taller de valores y Emprende y aprende

- El apartado Taller de valores plantea situaciones en las que es necesario aplicar los valores éticos para profundizar en ellas.
- El apartado Emprende y aprende trata de potenciar la creatividad, la autoestima, la responsabilidad, la motivación y la planificación a través de la propuesta de una actividad que los alumnos y las alumnas deben realizar tomando la iniciativa y siendo ellos los protagonistas del proceso de aprendizaje.

La web del alumnado y de la familia en anayaeducacion.es

¿Qué es? Un espacio lleno de recursos digitales para mejorar tu aprendizaje.

¿Cómo accedo? Regístrate en nuestra web e introduce el número de licencia que encontrarás al abrir este libro.

¿Cuándo accedo? Cuando el icono indique que en **www.anayaeducacion.es** dispones de recursos relacionados con el contenido que estás estudiando. Y, por supuesto, visita la web siempre que quieras descubrir y aprender más.

1

Animales y personas

¿Quiénes somos?

Las personas tenemos conciencia de vivir en un mundo lleno de objetos y distinguimos los seres vivos de los inertes. Entre los seres vivos clasificamos algunos como animales. Los seres humanos somos una especie animal.

A lo largo de la historia se han hecho bastantes intentos de establecer alguna diferencia radical entre los seres humanos y el resto de animales. Desde el punto de vista corporal, destacamos por el gran tamaño de nuestro cerebro, pero la característica que más se suele subrayar es nuestra capacidad racional.

Aunque los animales muestran conductas inteligentes, el lenguaje y el pensamiento humanos son muy superiores. Además, el ser humano, que piensa y vive en sociedad, distingue entre el bien y el mal, desarrolla una conducta moral, a diferencia de los animales.

Por tanto, las personas son especiales y no pueden ser utilizadas como si fueran animales o cosas. Todos los seres humanos tienen dignidad, merecen ser tratados de manera que se respeten sus derechos.

En esta unidad vas a estudiar

1. Los seres humanos son sujetos rodeados de objetos.
2. El lugar de los seres humanos entre los animales.
3. Las diferencias de los seres humanos con respecto a los animales.
4. La dignidad humana.

Reflexionamos

Los animales *aceptan,* los humanos *esperan*

—Cuando aprendáis a *aceptar* en lugar de *esperar,* tendréis menos decepciones.

El caballero asintió ante la sabiduría de estas palabras.

—He pasado casi toda mi vida decepcionándome. Recuerdo que, estando en la cuna, pensaba que era el bebé más bonito del mundo. Entonces mi niñera me miró y dijo: «Tenéis una cara que solo una madre podría amar». Me sentí decepcionado por ser feo en lugar de hermoso y me decepcionó que la niñera fuera tan poco amable.

—Si realmente os hubierais sentido hermoso, no os hubiera importado lo que ella dijo. No os hubierais sentido decepcionado —explicó Ardilla.

Esto tenía sentido para el caballero.

—Estoy empezando a pensar que los animales son más listos que las personas.

—El hecho de que podáis decir eso os hace tan listo como nosotros —replicó Ardilla.

—No creo que todo esto tenga nada que ver con ser listo —dijo Rebeca—. Los animales *aceptan* y los humanos *esperan.* Nunca oiréis a un conejo decir: «Espero que el sol salga esta mañana para poder ir al lago a jugar». Si el sol no sale, no le estropeará el día al conejo. Es feliz siendo un conejo. [...]

Al poco rato llegaron a la puerta del enorme castillo. El caballero cogió la llave dorada de su cuello y la introdujo en la cerradura. Y mientras abría la puerta, Rebeca le dijo:

—Nosotras no iremos contigo.

El caballero, que estaba empezando a amar y a confiar en los animales, se sintió decepcionado porque no le acompañaran. Estaba a punto de decirlo, cuando se dio cuenta. Estaba esperando otra vez. [...]

Robert Fisher, *El caballero de la armadura oxidada,* «El sendero de la verdad», Obelisco.

Dialogamos

1 ¿Creéis que la explicación de las diferencias entre personas y animales que se expone en el texto es acertada?

2 En vuestra opinión, ¿cuáles son las características que distinguen a las personas de los animales?

1 Sujetos rodeados de objetos

1.1 Clasificamos cosas

Somos personas que vivimos en un mundo. Nos despertamos y estamos rodeados de «cosas». Consideramos que algunas de ellas son nuestras; otras pertenecen a otros; algunas no tienen dueño, y las hay que son otras personas como nosotros. Nos levantamos, salimos fuera y hay objetos de diferentes colores y tamaños, con movimiento o quietos, sonando o en silencio...

Formamos parte de ese mundo: estamos en él, nos parecemos a algunas de las cosas que vemos o con las que interactuamos, pero también nos sentimos diferentes. Por ejemplo: he visto un perro negro que estaba jugando con una pelota. El perro es un ser vivo, un animal, un mamífero. La pelota es un ser inerte, blanco, de plástico, un juguete.

Podemos describir muchos de los objetos que vemos y cuando lo hacemos, es como si les pusiéramos etiquetas y los incluyéramos en diferentes grupos: los seres vivos o inertes, los animales o los vegetales, los vivíparos o los ovíparos, lo negro o lo blanco, lo natural o lo artificial, los juguetes o las cosas serias...

Desde pequeños hemos aprendido a identificar algunas cualidades y a clasificar. «¡Recoge tus juguetes!», «¡Ten cuidado con los perros!»... Entendemos esas frases, aprendemos su significado, podemos explicar lo que quieren decir e incluso las usamos nosotros mismos: somos jóvenes, inteligentes, buenas personas, etc.

Vivimos en ese mundo, nos movemos por él y pasamos de un lugar a otro como si cambiáramos el decorado del teatro en el que se representa nuestra vida, en la que nos ha tocado el papel de protagonista principal.

Las personas vivimos en el mundo rodeados de cosas, pero somos diferentes a ellas.

Reconocemos bien la diferencia entre las otras cosas y nosotros: mis pies, mis manos, mi nariz o mi pelo forman parte de mí; el suelo, el cielo, las casas, el perro, mis libros, mis amigos o mi familia, no. Y no es porque estén más lejos o más cerca: mi ropa o mis gafas puedo tenerlas muy pegadas a mí, pero no forman parte de mi cuerpo, como tampoco lo hace una peluca que me ponga.

En cambio, mi pelo sí es mío, aunque igual que puedo ponerme o quitarme una peluca también puedo cortarme el pelo. Cuando me lo corto, ¿ya no es «mi» pelo?, ¿ya no forma parte de «mi» cuerpo?, ¿hay menos cantidad de mí de la que había antes? Y, al crecer, ¿le estoy robando espacio al resto del mundo?

Las personas nos distinguimos claramente de las cosas; incluso aunque nos disfracemos sabemos quienes somos.

1.2 Nosotros, los seres humanos

Sea como fuere, decíamos, ahí estamos nosotros, rodeados de cosas. Y comparamos unas con otras y las clasificamos. Además, nos comparamos con ellas y nos da la impresión de que nos parecemos a algunas más que a otras.

Hemos aprendido a reconocer ciertos grupos como si fueran estanterías o cajones en los que ordenamos los diferentes objetos: Pluto es un perro y un perro es un animal; la encina es un árbol y un árbol es un vegetal; el mármol, en cambio, es un mineral y es un ser inerte o inanimado.

Yo soy un ser humano. Y los seres humanos somos mamíferos, animales que, en muchos aspectos, nos parecemos a otros animales, pero, que, en otros, nos distinguimos de ellos.

Las lechugas son seres vivos, pero podemos cultivarlas, cortarlas y comerlas. Los perros también son seres vivos, pero en nuestra cultura preferimos no comérnoslos y que nos hagan compañía. Los chimpancés se parecen bastante a nosotros, pero siguen siendo animales. Y no lo son porque sean más bajitos que nosotros o no hablen nuestro idioma, sino porque son de otra especie.

Así pues, podemos hacernos algunas preguntas: ¿somos diferentes?, ¿somos especiales?, ¿lo somos todos, algunos o ninguno?, ¿está mal matar personas?, ¿y animales?, ¿es lo mismo pisar una hormiga que golpear a un perro o a un niño?...

Comprende, piensa, investiga...

1 A partir de lo que hemos explicado, ¿qué diferencia crees que hay entre los sujetos y los objetos?

2 Compara las siguientes clasificaciones, di cuál te parece más acertada y explica por qué:

a) Cosas grandes y cosas pequeñas.

b) Cosas que son marrones y cosas que no.

c) Seres que se mueven y seres quietos.

d) Seres vivos y seres inertes.

e) Minerales, vegetales, insectos, peces y mamíferos.

f) Minerales, vegetales y animales.

g) Minerales, vegetales, animales y seres humanos.

3 Haz un esquema con la clasificación que te parezca más adecuada.

2 Clasificación de los animales

2.1 Somos animales

Los seres humanos somos animales, como los insectos, los moluscos, las aves, los peces o los simios. Al igual que ellos, nacemos, nos alimentamos, nos reproducimos, sentimos, nos desplazamos y morimos.

Nuestro cuerpo se parece bastante al de ellos y también tenemos que superar muchas dificultades para mantenernos con vida: conseguir alimentos o combatir enfermedades, por ejemplo.

Aurelio Luini, *Los animales entran en el Arca de Noé* (Monasterio de san Maurizio Maggiore, Milán).

Aunque seamos diferentes a ellos, también tenemos muchas cosas en común con el resto de animales.

2.2 Especie y raza

La clasificación biológica actual tiene en cuenta la reproducción: dos animales son de la misma especie si, en condiciones normales, ellos y sus descendientes pueden reproducirse entre sí. Por ejemplo, los chimpancés son de una especie diferente a los gorilas; los caballos, a los burros; sin embargo, un perro pastor alemán y un galgo son razas diferentes de la misma especie, porque pueden cruzarse entre ellos.

Los seres humanos somos una especie animal en la que se han distinguido varias razas, aunque sobre el concepto mismo de raza aplicado a los humanos, sobre cuáles sean dichas razas o sobre cómo clasificarlas, existe un gran debate: bosquimanos, australoides, caucásicos...

En definitiva, podemos aceptar que pertenecemos a los cordados (animales con cuerda dorsal, que en nuestro caso es la columna vertebral), y más concretamente a los vertebrados, mamíferos, vivíparos, primates... Lo dicho: somos animales.

2.3 La diferencia específica

Sin embargo, hacemos cosas que ninguno de ellos hace. Por ejemplo, leer un libro y hacernos preguntas como las siguientes: ¿somos iguales o diferentes al resto de animales?, ¿tenemos algo especial?...

Hace muchos siglos que se intenta encontrar una respuesta contundente y definitiva a esas preguntas. Por eso se ha definido al ser humano como «animal racional», considerando que es el único de entre todos los seres vivos que es capaz de razonar. Naturalmente, eso obliga a dejar claro que ningún otro animal razona o qué ocurre cuando esa facultad aparece mermada o perdida en un ser humano.

En cualquier caso, a lo largo de la historia se han sugerido otras posibilidades: que lo que nos distinga sea el lenguaje, la conciencia, la vida en sociedad, el arte, los juegos, la risa, la fabricación de instrumentos... Y todas ellas nos obligan a investigar más: al menos algunos animales también se comunican, también resuelven problemas, también viven en grupos... Es posible que la diferencia sea solo de grado: no tanto que ellos no razonen como que lo hacen menos intensa o profundamente que nosotros.

¿Piensa en algo el macho de mantis religiosa cuando va a aparearse? ¿Y el camaleón cuando se mimetiza? ¿Sienten pena los elefantes cuando un compañero de manada muere? ¿Charlan, disfrutan o padecen los orangutanes y los perros?

Comprende, piensa, investiga...

1 **Distinguir.** ¿Crees que hay algún rasgo que distinga radicalmente a los seres humanos de los demás animales? Explica cuál es.

2 Lee el excéntrico comportamiento que el emperador Calígula mantuvo con su caballo. ¿Conoces algún otro caso similar? ¿Te parece que Calígula actuaba correcta o incorrectamente? ¿Por qué?

El emperador Calígula tenía un caballo hispano de carreras llamado Incitatus ('Impetuoso'). Una predicción había anunciado que nadie tenía más posibilidades de ser emperador que quien cruzase a caballo la bahía de Baiae. Calígula lo hizo a lomos de Incitatus, porque él no sabía nadar.

Le concedió riquezas y honores que estaban por encima de los de la inmensa mayor parte de los romanos de su época. Construyó para él una villa con mobiliario completo, con casi veinte sirvientes a su disposición y con amplios jardines, aparte de pesebres de marfil.

Cuentan que las vísperas de las carreras en las que competía Incitatus, el emperador iba a las caballerizas para dormir junto a él y daba orden de que el silencio fuera absoluto. El castigo para quienes lo incumplieran era la muerte. El pobre auriga que conducía el carro de la única carrera que perdió el caballo fue condenado a morir de un modo cruel.

Según el historiador Suetonio, el aprecio de Calígula por su caballo lo llevó incluso a nombrarlo cónsul. Aunque este acto más que aprecio por el animal, refleja su desprecio por los seres humanos, puesto que él mismo llegó a considerarse como un dios.

Representación teatral de la obra *Calígula,* escrita por Albert Camus. Calígula entrando en el Senado a lomos de su caballo Incitatus.

3 Los animales y los seres humanos

3.1 Diferencias anatómicas

Lo cierto es que nos parecemos más a algunos animales que a otros. Nuestra vida se asemeja más a la de los patos que a la de la mantis religiosa, y todavía se parece más a la de los mamíferos que a la de las aves.

En fin, no ponemos huevos, nacemos preparados para alimentarnos de leche materna y los animales más similares a nosotros son los grandes simios, aunque también hay características que nos distinguen de ellos, como la forma de caminar o nuestra menor cantidad de vello corporal.

Además, comparados con la mayoría de los mamíferos, tenemos un cerebro exageradamente grande en relación con el tamaño de nuestro cuerpo. Hay animales con cerebros mayores que el nuestro, como las ballenas, los elefantes e incluso los delfines, pero no son tan grandes en proporción al tamaño de su cuerpo.

3.2 La inteligencia

Quizá las diferencias más importantes hay que buscarlas en otros aspectos, no tanto en la forma de nuestro cuerpo como en lo que somos capaces de hacer. En particular, presumimos de inteligencia, de que somos seres racionales. Pero ¿acaso los animales no son inteligentes?

La «inteligencia» animal

No es fácil definir la inteligencia, aunque todos tenemos más o menos claro que hay animales más inteligentes que otros y personas que destacan especialmente en este aspecto. En general, podemos entender la inteligencia como una facultad para resolver problemas.

Los animales también son inteligentes, y algunos de ellos tienen una gran memoria o una sorprendente capacidad para resolver problemas.

Una persona que complique mucho su propia vida y la de aquellos que la rodean, por muy buena capacidad de cálculo, excelente dominio del lenguaje o gran memoria que tenga, no resultará muy inteligente, o bien no parecerá ser capaz de sacar provecho de sus cualidades.

Los animales exhiben conductas sorprendentes y son capaces de resolver muchos problemas. Así, por ejemplo, Wolfgang Köhler descubrió en los chimpancés un comportamiento que denominó «comprensión súbita»: algunos de los chimpancés que utilizaba en sus experimentos podían descubrir por sí mismos cómo apilar cajas para subirse en ellas o cómo ensamblar cañas para alcanzar plátanos que estaban situados a gran altura.

Otras acciones que nos parecía que eran exclusivas del ser humano, como el uso y la fabricación de herramientas, también se han apreciado en algunos animales, como, por ejemplo, los chimpancés seleccionan ramas y las preparan para poder extraer hormigas de los termiteros y comérselas.

Así pues, la conducta de algunos animales nos obliga a considerar que son inteligentes.

Jane Goodall junto a un chimpancé, animales a cuyo estudio dedicó su vida. Estos primates son capaces de fabricar y utilizar herramientas.

El razonamiento humano

El pensamiento humano abre posibilidades que, hasta el momento, no hemos descubierto en ningún animal.

Es cierto que los animales también se comunican entre sí, pero la diferencia entre su lenguaje y el nuestro no es como la que hay de un idioma humano a otro, y por eso no hay diccionarios ni interpretaciones que nos sirvan para comunicarnos con ellos como pueden hacerlo quienes hablan dos lenguas distintas.

Aristóteles utilizaba el término griego *logos,* que significa al mismo tiempo 'razón' y 'palabra', para concretar la diferencia: el ser humano puede hablar, puede razonar y es capaz de distinguir entre el bien y el mal.

Esto nos permite crear un tipo de sociedad que es diferente de la de cualquier otro animal, una sociedad en la que importa la moral: lo bueno y lo justo. Por eso, para Aristóteles, el ser humano es un animal social.

Comprende, piensa, investiga...

1 **Explicar.** Observando a los chimpancés, ¿te parece que son inteligentes? ¿Por qué?

2 Responde a la pregunta que plantea José Antonio Marina en el texto siguiente y argumenta tu respuesta:

«Pondré un caso extremo: una persona es capaz de resolver problemas científicos de gran complejidad, pero es incapaz de mantener una relación afectiva, no comprende a las personas y es ciego para todo tipo de valores estéticos y morales. ¿La consideraríamos tan inteligente como los test dicen?» (José Antonio Marina, «Proyecto para una inteligencia», en *ABC Cultural*).

3 ¿Qué opinas del papel que Aristóteles otorga al logos para caracterizar al ser humano y distinguirlo de los animales?

4 La diferencia humana

4.1 Diferentes, pero no superiores

Ningún ser vivo que no sea el ser humano puede escribir ni entender esto que tú estás leyendo.

La capacidad de los seres humanos de utilizar la palabra y de expresar mediante ella nuestros conocimientos y nuestras emociones es una cualidad que con frecuencia ha hecho que nos enorgullezcamos de nosotros mismos, en algunos casos llevándonos al menosprecio y al maltrato de otros seres vivos, comportamiento que resulta inaceptable.

Hemos de comprender la importancia del ciclo vital en el que estamos inmersos. En este sentido, hemos ido ampliando el alcance de nuestra capacidad moral hasta considerar que la proteccción del medio ambiente es justa e importante.

Como especie animal capaz de tomar decisiones que afectan al conjunto de la naturaleza, tenemos que asumir nuestra responsabilidad y cuidarla.

El incremento de la conciencia ecológica se ha convertido en una necesidad apremiante, dado el aumento de nuestras capacidades para conservar o para destruir la naturaleza.

Actualmente, la legislación de muchos países recoge medidas para la protección del medio ambiente, y, en particular, para la protección de las plantas y de los animales. Especialmente importantes y necesarias son las leyes que tratan de combatir el maltrato animal, que todavía sigue existiendo en nuestras sociedades.

Yendo un paso más allá, en algunos países se están presentando demandas ante los tribunales de justicia con el objetivo de que no solo se proteja a los animales, sino de que se les reconozcan unos derechos propios.

Auguste Rodin, *El pensador.*

Los seres humanos nos consideramos especiales porque tenemos el lenguaje, la capacidad de razonar y la conciencia moral.

4.2 Diferentes, pero iguales

A lo largo de la historia de la humanidad, no siempre ha estado claro que todos los seres humanos somos iguales. Ideas así son las que han justificado muchas veces la esclavitud, los asesinatos, las guerras e incluso los genocidios.

La historia está llena de ejemplos en los que han ocurrido esas cosas. Uno de los más claros es la esclavitud, que ha existido y existe en muchas épocas y lugares distintos.

En ningún momento puede aceptarse que a algún ser humano se le niegue su condición de persona, como se hacía con los esclavos. La condición humana implica el reconocimiento de su dignidad como ser humano.

La idea de que pueda haber habido esclavos se basa en la falsedad de que unos seres humanos son superiores a otros, a los que no se les reconoce ningún derecho y que pueden ser propiedad de otra persona.

4.3 La dignidad

Todos los seres humanos somos personas. Todos por igual. Somos diferentes: más altos y más bajos, más rápidos y más lentos, de piel más clara o más oscura, más o menos inteligentes, con unas u otras ideas, sanos o enfermos, pero todos somos personas.

Esta convicción ha arraigado en nuestra cultura y es la base en la que se apoya la Declaración Universal de los Derechos Humanos, que subraya que todos tenemos unos derechos, como son los derechos a la vida, a la libertad y a la igualdad.

Hay una palabra, procedente del adjetivo latino *dignus,* que nos ayuda a entender lo que esto significa: 'dignidad'. Se dice que algo es digno cuando es valioso. Y si hablamos de dignidad humana, estamos subrayando la obligación de respetar a las personas, de reconocer que los demás también tienen un valor que podemos y debemos apreciar.

Comprende, piensa, investiga...

1 ¿Qué significa la palabra «dignidad» y por qué es un concepto tan importante?

2 Establece una relación entre los conceptos de esclavitud y de dignidad.

3 En la película *La misión* hay una secuencia en la que se discute sobre si los indios americanos son o no seres humanos.

En el debate se plantea si se los puede utilizar como esclavos, venderlos o incluso matarlos.

Para tratar de demostrar que son humanos, unos frailes hacen que entonen una canción religiosa.

Entonces, uno de los personajes dice que también hay pájaros que cantan y eso no los convierte en seres humanos. ¿Qué opinión te merece?

Roland Joffé, *La misión.*
El padre Gabriel (Jeremy Irons) en su primer contacto con los indios guaraníes.

Taller de valores

Aplica tus competencias

Imagina que una persona infectada con un virus muy contagioso tiene un perro y que no se sabe con absoluta certeza cómo se propaga la enfermedad. No hay ningún indicio de que el virus pueda transmitirse por el aire, ni mediante simples caricias, ni de personas a animales o al revés. Seguramente no ocurre nada de eso, pero... ¿quién sabe?

¿Tú qué harías?

Supón que la persona enferma es ingresada en condiciones de aislamiento muy severo en un hospital. Nadie puede tocarla y, para atenderla, son necesarias unas precauciones extraordinarias, como trajes de aislamiento o desinfecciones muy rigurosas.

El cónyuge de esta persona también ha sido trasladado al hospital y está en cuarentena. Lo mantienen bajo vigilancia y el trato con él es de mucha precaución.

Todo esto significa un gasto enorme de dinero, puesto que una parte del hospital está destinada solo a ellos, hacen falta muchos medios y hay varias personas que se dedican exclusivamente a su atención.

En la casa de esta pareja ha quedado el perro y la gente tiene miedo. Lo más probable es que no tenga el virus ni pueda contagiarlo, pero la seguridad de que eso sea así no es del cien por cien. Si dejamos que el perro pasee por el parque, puede haber niños cerca y sus familiares pueden considerarlo peligroso...

Está claro que a nadie se le ha pasado por la cabeza sacrificar al marido, pero sí al perro. Sus dueños aman a su perro; algunas asociaciones contra el maltrato animal protestan...

Expresa tu opinión

1 ¿Tú sacrificarías al perro o lo dejarías vivir?

Busca información

2 Averigua qué se hizo en España en el caso de Excálibur, que tuvo lugar en octubre de 2014.

3 Investiga también qué opción se tomó en otro caso similar: el del perro Bentley.

Reflexiona por ti mismo

4 El ser humano ha transformado el mundo, construyendo ciudades y dominando la naturaleza.

¿Crees que ahora vivimos mejor o peor que hace 1 000 años? ¿Por qué? ¿Te parece que el mundo es mejor ahora o que, por el contrario, lo era entonces?

5 **Explicar.** La extensión del concepto de dignidad a todos los seres humanos se considera un gran progreso moral.

¿Te parece que también lo sería ampliarlo a todos los seres vivos? Explica qué supondría un cambio así para todos los seres vivos.

Aprende a debatir

6 ¿Puede la biología ayudar a entender mejor los problemas de la humanidad?

Los valores en la historia

Conflicto de intereses: refugiados y gorilas

Entre 1990 y 1994 tuvo lugar una terrible guerra en Ruanda. El enfrentamiento entre hutus y tutsis supuso la muerte de más de medio millón de personas (un genocidio) y obligó a otros dos millones más a huir y refugiarse en los países próximos.

Muchos de esos refugiados se vieron obligados a ocupar espacios de parques nacionales protegidos, como los de Kahuzi-Viega y Virunga, en Uganda. En este último habitan algunos de los pocos ejemplares de gorila de montaña que quedan en libertad en el mundo; unos 300 en 1991.

Se trata de unos animales muy famosos, entre otras cosas gracias a que habían sido estudiados por la zoóloga estadounidense Dian Fossey, quien convivió con ellos entre 1967 y 1980. Sobre su trabajo incluso se rodó una conocida película: *Gorilas en la niebla*.

Conservar la montaña y los gorilas no solo es una responsabilidad ecológica, sino que también es importante económicamente: las visitas de los turistas son una fuente de ingresos muy valiosa que permite a los habitantes de la zona vivir mejor sin necesidad de acabar con los recursos naturales.

La llegada de refugiados huyendo de las masacres de Ruanda continuó hasta el año 1998, y eso supuso una gran deforestación y el aumento de la caza furtiva, incluyendo asesinatos de guardias forestales, todo lo cual puso en gran peligro la protección de los gorilas y de su hábitat.

emprender aprender

Creamos una campaña

La población mundial de seres humanos aumenta continuamente y a un ritmo muy rápido. Esto genera grandes problemas medioambientales, que tienen como consecuencia la destrucción del hábitat y la desaparición de especies vegetales y animales.

En momentos concretos, estas dificultades llegan a los medios de comunicación, que se hacen eco del enfrentamiento del ser humano con la naturaleza.

La situación es especialmente difícil en los países pobres del planeta, muchos de los cuales tienen altas tasas de natalidad y gran inestabilidad política, al mismo tiempo que un medio natural muy rico.

El dilema al que nos enfrentamos es la necesidad de hacer compatibles la conservación de la naturaleza y el logro de una vida digna para todos los seres humanos, pues la desaparición de las plantas y de los animales amenaza a la propia especie humana.

Iniciamos una campaña medioambiental

1. Visionad la película *Gorilas en la niebla* y analizad en clase los problemas que se planteaban para la defensa de los gorilas de montaña.
2. Buscad información en Internet sobre las especies de plantas y de animales que están en mayor peligro de extinción en todo el planeta y en nuestro país, y situadlas en un mapa.
3. Intentad descubrir las causas que están dando lugar a la desaparición de esos seres vivos. ¿En qué medida la actividad humana tiene influencia en su extinción?
4. En grupos, descubrid un problema ecológico cercano al lugar donde vivís, proponed un lema para una campaña y elaborad un cartel reivindicativo para solucionarlo.

2

La persona como ser moral

Qué significa ser persona

En Grecia, «persona» era la máscara de los actores y su personaje. En Roma, su uso se extendió al derecho y cobró significado jurídico y político: era aquel individuo libre, con una serie de derechos ciudadanos, que es superior y más digno al resto de cosas y a los esclavos.

El cristianismo extendió la dignidad moral de la persona a toda la humanidad, considerándola un don procedente de Dios.

Para Kant, filósofo de la Ilustración, la persona es el individuo racional, libre y por eso responsable, que, como ser moral, posee dignidad y es fin en sí mismo.

La persona se construye en sociedad porque el ser humano es social por naturaleza y necesita relacionarse con los demás para formarse.

En la construcción moral de la persona intervienen normas, valores, creencias y virtudes que se expresan en derechos y deberes.

Ser persona es también demostrarlo o hacerse merecedor de ello. Por eso, las personas han de ser ejemplares en sus comportamientos.

En esta unidad vas a estudiar

1 La definición de la persona como concepto que incluye a todos los seres humanos.
2 Las características de la persona.
3 La formación moral de la persona.
4 El valor moral de la persona.

Reflexionamos

Me dices: tú eres algo más...

Me dices: tú eres algo más
que una piedra o una planta.
Me dices: sientes, piensas y sabes
que piensas y sientes.
Entonces, ¿las piedras escriben versos?
Entonces, ¿las plantas tienen ideas sobre el mundo?

Sí: hay diferencia.
Pero no es la diferencia que encuentras;
porque el tener conciencia no me obliga a tener teorías sobre las cosas:
solo me obliga a ser consciente.
¿Si soy más que una piedra o una planta? No lo sé.
Soy diferente. No sé lo que es más o menos. [...]

Sé que la piedra es real y que la planta existe.
Sé esto porque ellas existen.
Lo sé porque mis sentidos me lo muestran.
Sé que soy real también.
Lo sé porque mis sentidos me lo muestran,
aunque con menos claridad con que me muestran la piedra y la planta.
No sé nada más.

Sí, escribo versos y la piedra no escribe versos.
Sí, hago ideas sobre el mundo y la planta no.
Pero es que las piedras no son poetas, son piedras;
y las plantas son solo plantas, y no pensadores.

Tanto puedo decir que soy por esto superior a ellas
como que soy inferior.
Pero no digo eso, digo de una piedra: «es una piedra»;
digo de la planta: «es una planta»;
digo de mí: «soy yo».
Y no digo nada más. ¿Qué más hay que decir?

Fernando Pessoa, *Un corazón de nadie. Antología poética (1913-1935)*, Círculo de Lectores.

Dialogamos

1 En la sociedad, cada individuo desempeña a la vez varios papeles. ¿Eso lo convierte en más de una persona? Argumenta la respuesta.

2 Debatid sobre si ser personas nos hace mejores, peores o simplemente diferentes a otros animales, a las plantas o a las cosas.

1 El «plus» de la persona

1.1 Definiendo «persona»

Boecio (480-524), considerado el último filósofo romano y el primero de la Edad Media, mientras estaba prisionero en la cárcel de Pavía, escribió un libro titulado *De la consolación de la filosofía,* en el que entablaba un diálogo con la filosofía, a la que puso voz y figura de mujer, preguntándose por el sentido y el destino de la vida, la naturaleza del bien y del mal, y otros temas morales. Boecio, acusado de conspirar contra el emperador, fue ejecutado.

Como pensador, una de sus aportaciones fundamentales es el concepto de persona. Para él, «persona es el individuo de naturaleza racional». Nos recuerda, además, que el término «persona» procede del mundo del teatro griego.

Los romanos habían tomado el término «persona» del griego *prósopon,* que se refería a la máscara que el actor de teatro utilizaba para interpretar su papel.

Pero la civilización romana extendió el uso y el significado del término «persona» más allá de la esfera artística, relacionándolo con el derecho: «persona» era el sujeto de derechos, es decir, algo que no era simplemente una cosa, un animal o un esclavo. Se trataba del ciudadano romano, quien disponía de atributos que lo convertían en persona: libertad y dignidad.

Escena de teatro (bajorrelieve romano). «Persona» era el nombre que recibía en Roma la máscara de teatro.

1.2 Cuestión de niveles

Los seres humanos somos animales, pero solo existen personas humanas (aunque desde un punto de vista jurídico se admite el concepto de «persona jurídica» y, en el ámbito de la religión, el cristianismo habla de las personas que forman la Trinidad). En general, resulta redundante decir «persona humana».

Ahora bien, ¿qué convierte a un ser humano en persona? En principio, nada que no provenga de su misma naturaleza humana. Por el mero hecho de nacer humano, un individuo es considerado persona. Pero a lo largo de la historia no siempre ha sido así ni lo es todavía en todas las sociedades.

Pero, si la persona es un ser humano y el ser humano es un animal, ¿por qué no existe el «animal persona»? Sencillamente, porque hablamos de niveles. No es lo mismo jugar en segunda división del campeonato de fútbol que en primera, ni hacerlo en un equipo de la mitad de la tabla clasificatoria que en uno de los aspirantes al título cada temporada.

No obstante, no se trata de niveles excluyentes. Imagínate un edificio de tres plantas: para acceder a la tercera, hay que pasar necesariamente por las dos anteriores y no por ello estas desaparecen del edificio. Del mismo modo, un ser humano es siempre un animal, pero al mismo tiempo está en un nivel superior al resto de los animales: es persona.

En la Antigüedad, los romanos no reconocían como personas a los esclavos y, sin embargo, estos no dejaban de ser seres humanos, aunque en muchos casos fueran tratados como animales. La persona tenía algo más que el esclavo, poseía un «plus»: las personas eran seres con dignidad.

De este modo, el hecho de ser considerado persona otorga al ser humano un «plus», un añadido que mejora su estatus. El filósofo español Julián Marías lo expresaba de la siguiente forma: «Persona es poder ser más».

En la actualidad, en la Declaración Universal de los Derechos Humanos (DUDH) aprobada en el año 1948 en la ONU, se reconoce como personas a todos los seres humanos. Pero esta conquista tiene detrás una larga historia.

Escultura griega de mujer (Museo de Pérgamo, Berlín).
Los seres humanos somos más que animales; somos personas.

Comprende, piensa, investiga...

1. ¿Cómo definía Boecio a la persona? Infórmate sobre su vida y averigua si su condena fue justa.
2. ¿En qué consiste ese «plus» que hace diferentes, y acaso superiores, a las personas sobre el resto de animales y sobre las plantas y las cosas?
3. ¿De dónde procede la palabra «persona» y qué significaba originariamente?

2 Las características de la persona

La Declaración Universal de los Derechos Humanos define a la persona como un ser moral libre y racional. Como tal, todos los seres humanos tenemos una serie de derechos inviolables y universales que suponen dignidad. Esto nos sitúa por encima de cualquier pertenencia a grupos sociales, raciales y nacionales, con independencia del sexo, de la edad y de las capacidades de cada uno.

El actor de comedia. Fragmento de un mosaico romano en Hadrumetum (Sousse, Túnez). Como la máscara de teatro («persona»), la persona tiene un carácter social.

2.1 Ser social

Desde su primer significado —máscara del actor que interpreta un papel en una obra: el personaje—, la noción de persona indica su carácter social: es el individuo que desempeña una determinada función en la sociedad, del mismo modo que el actor representa un papel en la obra de teatro.

En la sociedad, la persona no está sola; al contrario, existe en relación con los otros y su desarrollo depende de esas relaciones interpersonales.

2.2 Ser racional, libre y digno

Para realizar su tarea social, la persona no puede ser un simple instrumento, una herramienta, sino que necesita ser un agente racional y libre: actuar por sí misma, autónoma y reflexivamente, asumiendo las consecuencias de sus acciones.

En tanto que agente social, la persona tiene derechos, aunque también tiene deberes. Se trata de un sujeto racional y libre, por lo que es estimado como algo más «elevado» que los otros seres (los animales y las cosas).

Así, a partir de la civilización romana, a la persona se le atribuyen las características de racionalidad, libertad y dignidad. Sin embargo, la cultura de aquella época no reconocía esa dignidad a todos los seres humanos.

En cambio, la moral cristiana extendió universalmente esa dignidad, aunque dicha extensión no era considerada fruto de alguna ley humana, sino de la ley de Dios.

El cristianismo defiende una visión teológica de la persona, derivando sus características de la voluntad creadora de Dios. Para el cristianismo, ser persona es un don de Dios entregado a todos los seres humanos.

2.3 Moralidad y responsabilidad

Durante el período de la Ilustración, en el siglo XVIII, el filósofo alemán Immanuel Kant aplicaba a la persona estos atributos: racionalidad, libertad y dignidad.

Además, insistía en que la persona pertenece al llamado «reino de los fines», que es el reino de la moral, aquel en el que cada ser racional es siempre un fin en sí mismo. Una persona es un ser moral cuya libertad lo convierte en un ser digno.

Esta dignidad no es un regalo (ni de Dios ni de nadie), no es un añadido procedente del exterior, sino que es un principio intrínseco al ser humano que pone de manifiesto su radical libertad, la cual es el fundamento de su moralidad.

Kant insiste en que esa libertad conlleva simultáneamente responsabilidad: puesto que la persona es un ser racional y libre, entonces estará dotada de conciencia y de la capacidad de obrar responsablemente, por lo que la «persona es el sujeto cuyas acciones son imputables».

A partir de la filosofía de Kant, el concepto de persona quedaba definitivamente fundamentado en la moral, en vez de en la ley jurídico-política (Roma) o en la teología (cristianismo).

Comprende, piensa, investiga...

1. Construye una tabla de dos columnas: en una coloca las distintas etapas histórico-culturales importantes en la configuración del concepto de persona; en la otra, anota las características o significados que cada una de esas etapas otorgó al término persona.

2. ¿Consideras que el significado del concepto de persona ha ido evolucionando a medida que cambiaba el modelo de sociedad? Argumenta la respuesta.

3. ¿Qué significa la frase de Kant: «Persona es el sujeto cuyas acciones son imputables»?

Alexandre Fragonard, *Mirabeau respondiendo a Dreux-Brézé en una reunión de la Asamblea Nacional francesa en 1789* (Museo del Louvre, París).
En la Ilustración, se consideró que los atributos de la persona eran la racionalidad, la libertad y la dignidad.

3 La formación moral de la persona

3.1 Las personas nacen y se hacen

Si somos personas, no es únicamente por haber nacido humanos ni por participar de una cultura que dignifica a los seres humanos sobre el resto de seres, sino porque construimos nuestro proyecto de vida haciéndonos responsables de nuestros actos libres.

La conciencia, que implica ser libre, tiene un envés: la responsabilidad. Aunque resulte evidente que una persona lo es por nacimiento (se nace humano, en vez de ser una piedra, una planta o un oso), es cierto también que las personas se hacen, esto es, construyen su identidad personal a lo largo de su vida.

Además, en esa labor de autoconstrucción no están solos, ya que se hallan en relación estrecha y fundamental con el resto de personas, con la sociedad.

En este nuevo escenario de formación de la persona intervienen las normas, las creencias y los valores, que se constituyen en derechos y deberes:

a) El derecho de ser libre, pero al mismo tiempo el deber de responsabilizarse de esa libertad.

b) El derecho a ser tratado dignamente, pero a la vez el deber de respetar la dignidad de los demás.

c) El derecho de ser igual ante la ley, pero simultáneamente el deber de obedecer esa ley.

Peregrinos realizando abluciones en el río Ganges, en Benarés.

Los seres humanos nacemos en una cultura, pero tenemos la libertad de construirnos a nosotros mismos.

3.2 Ejemplaridad de la persona

Esos derechos y deberes a los que hemos aludido sirven para establecer un modelo de persona, es decir, un arquetipo en el que el individuo se fija a la hora de actuar.

Ahora bien, ese modelo no viene simplemente dado, no es algo ajeno y exterior que pertenezca a otro y nos lo imponga, sino que exige de cada uno de nosotros el compromiso de hacerlo nuestro. Cada individuo ha de esforzarse por ser ejemplar.

«Ejemplaridad» quiere decir aquí adoptar una actitud virtuosa: no se trata de ser mejor que todos; más bien consiste en luchar por estar a la altura; esto es, hacerse merecedor de ser tratado como persona. Para ello, hemos de realizar, de manera libre, solidaria y coherente, nuestro proyecto de vida de acuerdo con una jerarquía de valores que dignifiquen la existencia humana y faciliten la convivencia social.

Un mundo de personas es un mundo compartido, un mundo de seres libres e iguales (ante la ley), que se sostiene gracias a la virtud de cada uno, es decir, a la prudencia lograda con buenos hábitos; este es un mundo de buenas costumbres donde reina el cultivo de la justicia y de la amistad. No en vano, Aristóteles comparaba la virtud con el cálculo del «justo medio», que tenía que ver con el esfuerzo inteligente y prudente para evitar posturas extremistas y, así, lograr un equilibrio tanto en la vida individual como social.

En resumen, el proceso de construcción de la persona está repleto de normas, de valores y de modelos que permiten el entendimiento mutuo y la convivencia, y estos pertenecen al ámbito de la sociedad. Pero, al mismo tiempo, está presente la propia conciencia del individuo y su virtud, que corresponden a un plano moral individual.

Por ejemplo, cuando un estudiante tiene que realizar un examen, se encuentra obligado por unas normas impuestas desde fuera que le prohíben copiar y que le exigen expresarse en un idioma determinado, utilizando una gramática y una ortografía adecuadas, etc. Pero, además, ese estudiante ha de observar también un código interno, que brota de su conciencia moral y que de nuevo le obliga. Así, el estudiante no solo tiene prohibido copiar, sino que sobre todo «no debe» copiar.

En un examen, el estudiante obedece unas normas académicas, pero también unos valores morales personales que le prohíben copiar.

Comprende, piensa, investiga...

1 Define los siguientes términos: «virtud», «modelo», «derecho», «deber».

2 ¿Qué significa ser «ejemplar»? Pon ejemplos donde se muestren comportamientos ejemplares de las personas.

3 Debatid en clase sobre las siguientes cuestiones: ¿la persona nace o se hace? ¿Qué es más importante en la formación de la persona: unos buenos valores y normas recibidos de la sociedad o la virtud de cada persona que surge de su conciencia individual?

4 Persona y valores

4.1 Valorando a la persona

Como ya hemos explicado al principio de la unidad, el concepto de persona nació en el contexto del teatro clásico y, dado que la literatura trabaja con personajes, podemos encontrar en ella elocuentes ejemplos del valor de la persona y del tipo de tratamiento que esta ha de recibir.

En ese sentido, podemos citar a Antígona, el personaje teatral de la obra homónima de Sófocles (siglo v a. C.), o a Shylock, el personaje de *El mercader de Venecia* de Shakespeare (siglo xvii), como ejemplos en los que la dignidad de la persona entra en escena como tema central de la obra.

Antígona pretende enterrar a su hermano, Polinices, a sabiendas de que ella misma será condenada a muerte por incumplir la ley de la ciudad dictada por su tío y gobernante, Creonte, que prohibe dar sepultura a los rebeldes.

Shylock, judío en Venecia, humillado, injuriado y tratado injustamente por las leyes de esa ciudad bajo dominio cristiano, pretende vengarse exigiendo a Antonio, su deudor, una libra de carne que arrancará de su cuerpo, concretamente del corazón.

Antígona y Shylock, como personajes, pero también cualquier persona real, viven en un mundo de valores, construido culturalmente sobre opiniones, creencias, costumbres e ideas, que sirven de baremo para medir si las conductas son o no adecuadas, si son buenas o malas.

A su vez, como los valores indican el grado de perfección de una cosa, de una acción o de una persona, cabe erigirlos en modelos, a los que otorgamos un nivel superior y ejemplar.

Así, Antígona considera que la persona está por encima de la ley convencional de la ciudad y, entonces, decide enterrar a su hermano, aunque le cueste la vida. Creonte, por su parte, opina que la ley de la ciudad es la que tiene valor supremo y que las personas deben someterse a ella.

Shylock, en cambio, reclama ser tratado dignamente, como una persona, como un ser en sí mismo valioso, pero si no recibe tal trato, adoptará medidas crueles que también atentan contra la dignidad de los otros.

Giorgio de Chirico, *Edipo y Antígona*.
Antígona es el arquetipo de ser humano que pone el valor de la persona por encima del cumplimiento de la ley.

4.2 La persona como cénit de los valores

En el mundo de las personas, los valores son los que están en juego. Pero existen muchos tipos de valores y hay que jerarquizarlos, porque no a todos ellos les otorgamos la misma importancia.

Existen valores basados en la utilidad práctica: cualquier herramienta, por ejemplo. Otros son valores de tipo económico: todas las mercancías valen algo, tienen un precio. También hay valores estéticos, como la belleza.

Pero, por encima del resto, se sitúan los valores éticos: la justicia, la igualdad, la libertad, la paz... Son valores que deseamos que puedan realizarse universalmente, porque nos ayudan a sostener la convivencia y a vivir felizmente. Son los ideales que tomamos en cuenta para la realización de nuestra vida personal en sociedad.

Los valores, como nuestro proyecto de vida personal, son elegidos, de igual manera que Antígona elegía su destino al desobedecer las órdenes de la ciudad poniendo por encima el deber de dar sepultura a su hermano, o Shylock elegía la igualdad y la venganza. La persona es quien libremente realiza esa elección.

Quienes opinan que la persona es el máximo valor se sitúan en la línea del llamado «personalismo», que es una corriente ética que da primacía al valor de la persona por encima de cualquier otra entidad, concibiéndola como el principio desde el que debe ser explicada la realidad.

Comprende, piensa, investiga...

1 ¿Qué consideras más valioso en tu vida? Argumenta la respuesta.

2 Después de leer la obra teatral de Shakespeare, *El mercader de Venecia,* o de ver la película homónima de Michael Radford, entablad un debate sobre alguno de estos temas: ¿las leyes ayudan o dificultan el desarrollo de la persona y el respeto a su dignidad? Ante la injusticia, ¿la venganza puede ser un valor moral?

3 En grupos, buscad información sobre casos históricos de discriminación y explotación. Por ejemplo: esclavos en la Antigüedad, niños soldados en África, discriminación racial en Sudáfrica y en Estados Unidos, discriminación de la mujer en el mundo laboral y social, etc.

Cada grupo deberá elaborar una presentación digital sobre uno de esos temas para exponerla en clase.

Michael Radford, *El mercader de Venecia.*
Shylock (Al Pacino) trata de vengarse de Antonio, un rico mercader veneciano, exigiéndole una libra de carne de su cuerpo en pago de una deuda.

Taller de valores

Aplica tus competencias

El concepto de persona fundamenta el valor de los seres humanos en su libertad y en su dignidad. Por ambas características son diferentes de todos los demás seres vivos. Sin embargo, no siempre se han respetado esos derechos universales e inviolables asociados a la persona.

El caso de Vojislav Seselj

La Haya. Año 2003

Tribunal Penal Internacional

Vojislav Seselj, líder del Partido Radical Serbio, ha sido juzgado y encarcelado acusado de cometer crímenes contra la humanidad durante la guerra de los Balcanes, en los años 90 del siglo XX.

Seselj fue acusado de reclutar y financiar a voluntarios e incitarlos a cometer torturas, asesinatos, limpieza étnica y otros crímenes contra la humanidad.

En febrero de este año 2003 se ha entregado voluntariamente para ser juzgado por el Tribunal Penal Internacional para la ex Yugoslavia (TPIY) porque se consideraba inocente. Desde entonces permanece encarcelado en prisión provisional a la espera de juicio.

Libertad humanitaria

Año 2014

Seselj tiene 60 años y un cáncer de colón, por lo que se le ha concedido un permiso de libertad condicional por razones humanitarias que le autoriza a salir de la cárcel y ser trasladado a su país.

Sigue gozando de un amplio respaldo entre los sectores ultranacionalistas, que le aguardaban en el aeropuerto de Belgrado al grito de «¡Victoria!, ¡victoria!».

El propio Seselj se dirigió a sus seguidores desde la sede de su partido, prometiendo venganza y tildando al presidente y al primer ministro serbios de «renegados y traidores que han vendido su honor, han renunciado al nacionalismo serbio y se han convertido en vasallos de Occidente».

Expresa tu opinión y debatid

1 ¿Si fueras miembro de ese tribunal, habrías concedido a Seselj el permiso por razones humanitarias o se lo habrías denegado debido a la gravedad de sus crímenes y a su falta de arrepentimiento?

2 ¿Y qué harías si fueras una de sus víctimas, tratarías de vengarte o respetarías sus derechos como persona aun sabiendo que él no los respetó?

3 Debatid en clase este asunto argumentando las opciones morales a que pueda dar lugar.

Reflexiona y responde

4 Juzgar. ¿Consideras correcto que una civilización imponga su criterio moral a otra atendiendo a cuestiones de orden político, religioso, cultural, etc.? ¿Y si esa civilización colonizadora es mucho más desarrollada e impone sus modos de vida y sus creencias a la otra civilización, más atrasada, para aumentar el bienestar de esta última?

Investigad y buscad información

5 Elaborad un reportaje periodístico sobre la guerra de los Balcanes haciendo hincapié en los casos en que las personas vieron vulnerados sus derechos fundamentales.

Resaltad las causas del conflicto bélico (lucha de religiones y culturas diferentes, intereses económicos ocultos, etc.) y evaluad la situación actual en la zona para averiguar si aún persisten las mismas diferencias que alimentaron esa guerra.

Los valores en la historia

El valor de la persona

Si uno viaja hasta la antigua Königsberg, ciudad natal de Kant (1724-1804), capital de Prusia Oriental desde su fundación en la Baja Edad Media hasta 1945, cuando fue tomada por los soviéticos y renombrada Kaliningrado, aún encontrará bien cuidada la tumba de Kant y una estatua en su honor, presidida por este lema: «Dos cosas me llenan la mente con un siempre renovado y acrecentado asombro y admiración por mucho que continuamente reflexione sobre ellas: el firmamento estrellado sobre mí y la ley moral dentro de mí». Esta frase, escrita en alemán y en ruso, ha sido adoptada como epitafio y fue extraída de uno de sus libros.

Kant reflexionó toda su vida sobre la importancia que tenía para la persona el reconocimiento de su propia autonomía e insistió en que el ser humano debía alcanzar su «mayoría de edad» haciendo un uso libre, pero crítico, de su razón. Solo así la persona llegará a ser un individuo racional, libre y, por eso mismo, responsable, que, como ser moral, posee dignidad y que es un fin en sí mismo.

emprender aprender

Concurso «Documenta»

Siguiendo el ejemplo de la tumba de Kant, vamos a buscar los mejores epitafios de personajes célebres para elaborar con ellos un documental que refleje los valores que caracterizan a las personas.

Podemos seleccionar a cualquier persona que haya escogido como epitafio valores como la libertad, la dignidad, la responsabilidad, la solidaridad...

La obra se puede presentar en cualquier formato digital y el premio principal consistirá en su proyección durante la semana cultural del centro.

¡Animaos y presentad vuestras propuestas! ¡Muy pronto podremos ver vuestras creaciones!

ELABORAMOS UN DOCUMENTAL

Trabajando en grupos, idead un documental sobre el tema «Epitafios morales». Seguid estas pautas:

1) Entre toda la clase, acordad con qué criterios se va a realizar el documental y con qué medios se va a producir: vídeo, fotografía, presentación digital, qué tipo de personajes, duración....
2) Organizaos para buscar información sobre epitafios grabados en honor a pensadores, científicos, escritores, políticos, deportistas, etc., que reflejen valores de la persona, tales como la libertad, la solidaridad, el esfuerzo personal dirigido a la realización del bien común, la actitud emprendedora... Cada epitafio irá acompañado de un comentario sobre su significado y de información relativa al personaje.
3) Estableced una fecha de entrega de los documentales, que serán elaborados por distintos grupos, y después constituid un jurado que los evalúe y otorgue el premio al grupo vencedor.
4) Finalmente, organizaos para solicitar al director de vuestro centro escolar la emisión de los mejores documentales durante la celebración de la semana cultural.

Otro grupo de estudiantes se dedicará a dibujar carteles que anuncien el evento en el centro escolar.

3

Emociones y sentimientos

Seres racionales y emotivos

Aunque seamos animales racionales, somos más que eso: también tenemos emociones. Además, percibimos las de los demás por sus gestos y por su conducta.

Las emociones son muy importantes en nuestras vidas: nos ayudan a adaptarnos al medio, a prepararnos para actuar y a comunicarnos. Entre esas emociones sobresale el amor.

Además de factores clásicos de la inteligencia, como la memoria o el razonamiento lógico, también hay que considerar el emocional. La inteligencia emocional es muy importante para el éxito social.

Los seres humanos aprendemos a controlar nuestras emociones para sentirnos mejor y relacionarnos con los demás. Los filósofos estoicos buscaban el dominio completo de las pasiones: la «apatía». La maduración emocional exige que adquiramos tolerancia a la frustración.

La aceptación de nuestro aspecto físico es importante para fortalecer la personalidad. La anorexia y la bulimia son trastornos peligrosos que deben ser tratados eficazmente.

En esta unidad vas a estudiar

1 El conocimiento y la utilidad de las emociones.

2 La inteligencia emocional.

3 El autocontrol emocional y la tolerancia a la frustración.

4 Nuestra imagen personal y el amor.

Reflexionamos

Dificultades de los sentimientos

—Me disgusta no verte. También me pone ansiosa.

Me sonrojé al decirlo en voz alta. Se quedó quieto y alzó la vista con aprensión. Observé su expresión apenada.

—Ay —gimió en voz baja—, eso no está bien.

No comprendí esa respuesta. ¿Qué he dicho?

—¿No lo ves, Bella? De todas las cosas en que te has visto involucrada, es una de las que me hace sentir peor —fijó los ojos en la carretera abruptamente; habló a borbotones, a tal velocidad que casi no lo comprendí—. No quiero oír que te sientes así —dijo con voz baja, pero apremiante—. Es un error. No es seguro. Bella, soy peligroso. Grábatelo, por favor.

—No.

Me esforcé por no parecer una niña enfurruñada.

—Hablo en serio —gruñó.

—También yo. Te lo dije, no me importa qué seas. Es demasiado tarde.

—Jamás digas eso —espetó con dureza y en voz baja.

Me mordí el labio, contenta de que no supiera cuánto dolía aquello. Contemplé la carretera. Ya debíamos de estar cerca. Conducía mucho más deprisa.

—¿En qué piensas? —inquirió con voz aún ruda.

Me limité a negar con la cabeza, no muy segura de que fuera capaz de hablar.

—¿Estás llorando?

No me había dado cuenta de que la humedad de mis ojos se había desbordado. Rápidamente, me froté la mejilla con la mano y, efectivamente, allí estaban las lágrimas delatoras, traicionándome.

—No —negué, pero mi voz se quebró.

Stephenie Meyer, *Crepúsculo*, Alfaguara.

Dialogamos

1 El texto menciona una serie de emociones y unas actitudes en las que se reflejan. Distingue unas y otras.

2 Cuando alguien intenta transmitirte una emoción, ¿en qué te fijas más: en su lenguaje corporal o en lo que dice?

1 Las emociones

1.1 No solo pensamos

Los seres humanos estamos muy orgullosos de nuestra inteligencia, de nuestra capacidad de razonar, que nos hace sentir superiores a los animales. Pero no es nuestra única cualidad destacada, hay otras que son, cuando menos, igual de importantes.

Podemos imaginar un mundo de robots o de extraterrestres más inteligentes que nosotros, pero que carezcan de emociones y de sentimientos, un mundo en el que las relaciones entre los individuos sean frías e incluso vacías. Y cuando lo imaginamos, no nos gusta, preferimos el nuestro, aunque a veces suponga sufrimiento y dolor.

Quizá algunos animales también sientan cosas así. Nos cuesta pensar en un escarabajo contento o un gusano melancólico, pero sí podemos tener la impresión de que algunos mamíferos (como los primates o los elefantes) lamentan la muerte de una de sus crías o nos parece que los perros muestran alegría moviendo el rabo cuando creen que van a salir a pasear a la calle.

No es casualidad que Charles Darwin, el biólogo y defensor de la teoría de la evolución, escribiera un libro sobre la expresión de las emociones en el ser humano y en los animales. Precisamente por ese motivo, porque los sentimientos y las emociones se consideran comunes a ambos grupos, la psicología científica tardó en empezar a estudiarlos. Sin embargo, sean exclusivos de los seres humanos o no, se trata de reacciones muy importantes para nosotros.

1.2 ¿Cómo conocemos las emociones?

Todos sabemos que a veces nos alegramos, nos entristecemos, nos enfurecemos o nos tranquilizamos, pero nos costaría bastante dar una buena definición de lo que suponen todos esos sucesos.

Ni siquiera los psicólogos se ponen fácilmente de acuerdo sobre las emociones, aunque sí reconocen varias características que pueden identificarse en ellas:

a) Cuando somos personas maduras y sanas, las reconocemos sobre todo por nuestra vivencia, por el modo en el que nos sentimos, que suele tener un carácter positivo o negativo (estamos alegres o tristes, contentos o enfadados, tranquilos o nerviosos...).

b) Además, nos damos cuenta de que otros las experimentan, porque nos lo muestran mediante su cuerpo (tensándose o relajándose, cambiando el gesto de la cara...).

c) También se observan las emociones en los cambios de conducta, que modificamos según cómo nos sentimos.

Todo ello es fácil de apreciar cuando asistimos a un espectáculo o estamos en un funeral, por ejemplo.

Naturalmente, los tres aspectos (vivencia personal, reacción corporal y modificación de la conducta) se dan en cada uno de nosotros y conocerlos y manejarlos resulta fundamental en nuestras vidas.

Reconocemos las emociones que los demás experimentan observando su lenguaje corporal.

1.3 ¿Para qué sirven las emociones?

Cuando tenemos una emoción desagradable nos gustaría librarnos de ella y pensamos que sería mejor no padecerla, ser como una máquina, una piedra o una planta y no entristecernos ni enfadarnos nunca. Sin embargo, necesitamos las emociones por varios motivos:

a) Reconocer cómo nos sentimos nos sirve para intentar repetir las experiencias placenteras y huir de las que nos han causado miedo o disgusto, adaptándonos a las situaciones.

b) Las emociones nos preparan para afrontar situaciones, incrementando la cautela o la seguridad, la precaución o la agresividad...

c) La comunicación de las emociones es fundamental para mostrar a los demás cómo nos sentimos y para que sepamos cómo se sienten ellos.

Hay relación entre cómo nos sentimos unos y otros. Por ejemplo: nos llenamos de orgullo cuando los demás aprueban lo que hacemos y nos avergonzamos cuando lo desaprueban. Los sentimientos no son, pues, algo solo individual y personal, sino que tienen un carácter social.

La comunicación de las emociones y los sentimientos tiene un carácter social, para saber cómo se sienten los otros y expresar cómo nos sentimos nosotros.

Comprende, piensa, investiga...

1 ¿Crees que las emociones son exclusivas del ser humano o que hay animales que también las sienten? Debatidlo en clase.

2 Si piensas que los animales también experimentan emociones, pon algunos ejemplos de emociones animales.

3 ¿Te parecen útiles las emociones? ¿Por qué?

4 ¿Qué importancia tiene que los demás conozcan nuestras emociones? ¿Por qué las ocultamos?

5 Escribe un relato sobre un mundo sin emociones.

2 Inteligencia y emociones

2.1 Factores de la inteligencia

La inteligencia es una cualidad que no es fácil de definir con precisión ni de cuantificar. Sin embargo, tenemos la impresión de que hay especies de animales que son más inteligentes que otras e incluso de que algunas personas destacan por su brillantez intelectual.

La psicología ha intentado encontrar los métodos para medir la inteligencia. Pero, ¿cómo medirla si ni siquiera estamos seguros de qué es? Una de las ideas más productivas es hablar de factores de la inteligencia: la memoria, el lenguaje, el razonamiento...

Estos factores, además, pueden dividirse para controlarlos mejor: memoria a corto plazo o a largo plazo, expresión escrita, comprensión oral... Así resulta más fácil elaborar pruebas que nos permitan evaluarlos. Naturalmente, surgirían varios problemas: ¿cuáles son los factores?, ¿cuál es la importancia de cada uno de ellos?...

El caso es que se diseñaron pruebas para llevar a cabo la tarea y se consiguieron algunos resultados más o menos valiosos. Pero, en principio, se tendió a olvidar algo: el factor emocional.

Efectivamente, la inteligencia no consiste solo en recordarlo todo y calcular correctamente, sino también en saber llevarnos bien con los demás, en contribuir a su felicidad y en ser felices nosotros mismos.

En 1995, el psicólogo Daniel Goleman publicó un libro en el que destacó la importancia de la inteligencia emocional. Esa obra complementaba los trabajos de Howard Gardner, quien, en la década anterior, había propuesto la teoría de las inteligencias múltiples, según la cual hay varios tipos de inteligencias: la lingüística, la lógica, la espacial, la musical, la corporal, la intrapersonal y la interpersonal.

En el estudio de la inteligencia se ha tendido a minimizar el valor emocional en favor de la capacidad de razonamiento.

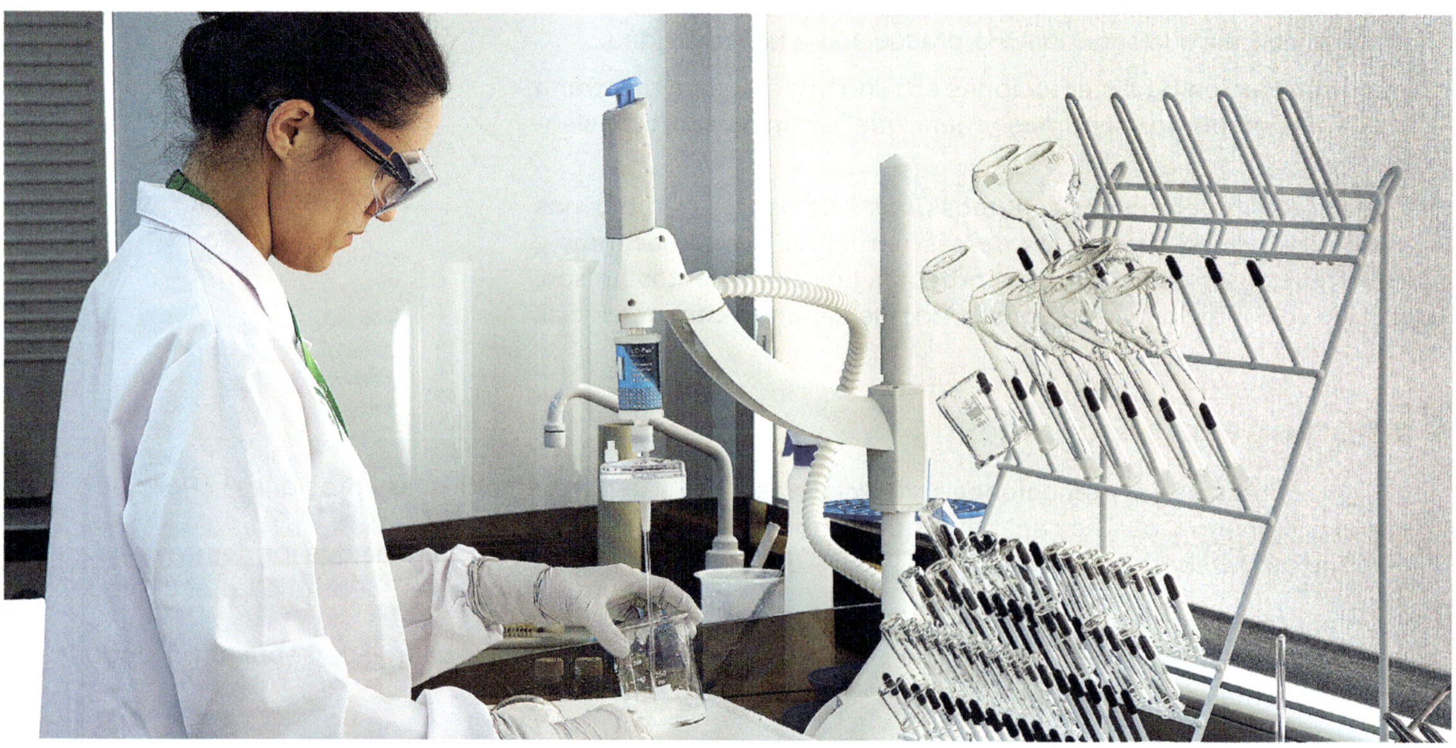

2.2 Inteligencias interpersonal e intrapersonal

Según Gardner, la inteligencia interpersonal es la capacidad de comprender a los demás, saber lo que los motiva y cómo trabajan. Esa capacidad de empatizar con otras personas es extraordinariamente útil en el trabajo cooperativo, que resulta fundamental para un animal tan social como somos nosotros.

La inteligencia intrapersonal es algo muy parecido, pero, en lugar de referirse a los demás, sirve para comprendernos a nosotros mismos, para saber qué necesitamos y cómo somos, qué podemos hacer y cómo lograrlo.

La inteligencia intrapersonal nos ayuda a crearnos una imagen adecuada de quiénes somos y a utilizarla para actuar con mayor eficacia.

La inteligencia interpersonal es muy útil para motivar y mejorar el trabajo en equipo.

2.3 La inteligencia emocional

Es interesante observar que algunas personas tienen unas cualidades intelectuales muy notables y, sin embargo, no consiguen ser felices ni alcanzan sus objetivos.

Una memoria excelente y una buena capacidad de razonamiento son de gran ayuda, pero si la persona que las posee no es capaz de entender las emociones de los demás ni de insistir sin desanimarse hasta que logre lo que se propone, seguramente no resultarán decisivas en la vida.

Hay estudiantes que tienen capacidades extraordinarias, pero son poco trabajadores, desisten, se enfadan... Es muy probable que sus resultados sean peores que los de otras personas más perseverantes, dispuestas a sacrificarse y a colaborar con los demás en lugar de competir con ellos.

Por ese motivo, Daniel Goleman insistió en la importancia que tiene la inteligencia emocional. Él considera que podemos trabajar y mejorar en cualidades como el autocontrol, el entusiasmo, la perseverancia o la capacidad para motivarnos. Y ese trabajo terminará ayudándonos extraordinariamente a tener éxito en la vida.

Por lo tanto, la inteligencia y las emociones no son dos cosas opuestas, sino que forman parte de nosotros mismos, resultando fundamental para nuestro éxito como personas la coordinación entre ambos aspectos de nuestra personalidad.

Comprende, piensa, investiga...

1 Explica los siguientes conceptos: factores de la inteligencia, inteligencia interpersonal, inteligencia intrapersonal e inteligencia emocional.

2 **Explicar.** ¿Crees que la inteligencia emocional es importante para conseguir el éxito en la vida? Explica por qué.

3 En muchas películas y series de televisión se hace una caricatura del «empollón». ¿En qué cualidades suele destacar y de cuáles otras carece?

4 A partir del caso del «empollón», debatid en clase sobre el tipo de inteligencia que consideráis más importante.

3 El control de las emociones

3.1 Desarrollo emocional

La capacidad para conocer cómo nos encontramos y para animarnos constantemente a alcanzar objetivos más elevados es extraordinariamente valiosa. Ella nos permite levantarnos cada vez que fracasamos e intentar de nuevo conseguir lo que nos habíamos propuesto.

El control emocional es algo que los niños adquieren poco a poco y resulta un aprendizaje fundamental si queremos sentirnos felices. Normalmente, a los tres o cuatro años ya somos capaces de ocultar algunos sentimientos para permanecer atentos y ser bien educados. Y a los seis podemos hacerlo para evitar que se burlen de nosotros, nos riñan o incluso causar disgusto a otras personas.

A partir de entonces, las personas que han aprendido a reconocer sus propias emociones combaten las negativas, fomentando pensamientos y experiencias positivas para superar situaciones que resultan perjudiciales.

Mediante el control emocional aprendemos a combatir las emociones negativas y fomentamos las experiencias positivas.

3.2 La tolerancia a la frustración

No podemos tener todo lo que queremos. Es así de sencillo y de contundente. En parte, porque también los demás desean cosas que a nosotros nos gustaría poseer. Y en parte también, porque, incluso si no hubiera otras personas, tenemos limitaciones como seres finitos que somos.

Desde pequeños descubrimos que los demás no están siempre a nuestro servicio, que hay juguetes que no son nuestros, que la realidad se niega a plegarse a nuestros deseos. Y eso nos frustra.

La frustración es un sentimiento desagradable, pero inevitable. Lo mejor que podemos hacer para disminuir el daño que nos hace es aprender a manejarla y a controlarla.

Si intentamos proporcionar a un niño pequeño todos sus caprichos, no haremos más que acostumbrarle a una situación absolutamente artificial. Tarde o temprano se encontrará con la dura realidad que le hará darse cuenta de que la vida no es así.

Por ese motivo, es mejor que desde pequeños nos acostumbremos a las limitaciones. Naturalmente, eso no significa que debamos desatender ni maltratar deliberadamente a nadie, pero sí que hemos de ayudar a comprender que no somos los amos de un mundo que está a nuestro servicio.

3.3 Ética y autocontrol

Todos hemos sentido ira en alguna ocasión, nos hemos enfadado porque algo no nos salía como queríamos o alguien se comportaba de una manera que nos desagradaba. Incluso en alguna ocasión hemos perdido el control y hemos reaccionado de un modo que nos ha disgustado, que nos ha obligado a arrepentirnos de no haber sido capaces de mantenernos serenos.

Ya en Grecia, en una de las escuelas filosóficas más antiguas, el estoicismo, pensaban que si deseábamos ser felices estábamos obligados a controlar e incluso a tratar de eliminar nuestras emociones, a mantener una actitud «apática».

La palabra griega *pathos* significa 'emoción' y la «a» es un prefijo negativo, de manera que los estoicos consideraban que debíamos evitar dejarnos llevar por ellas, para adquirir un mayor dominio sobre nosotros mismos y acercarnos a una serenidad que nos ahorrase disgustos.

Pero, sin llegar a defender que hay que eliminarlas, en general, los autores que se han dedicado al estudio de la ética han defendido que el autocontrol es fundamental para el desarrollo del carácter.

Desde muchas posiciones filosóficas se ha considerado esencial el autodominio, el control de las emociones, que aparecían ligadas al cuerpo.

Comprende, piensa, investiga...

1 Lee el test de las golosinas que propone Daniel Goleman y explica qué crees que permite averiguar acerca de los niños:

«Imagine que tiene cuatro años de edad y que alguien le hace la siguiente propuesta: "ahora debo marcharme y regresaré en unos veinte minutos. Si lo deseas puedes tomar una golosina, pero si esperas a que vuelva, te daré dos. Para un niño de cuatro años de edad este es un verdadero desafío, un microcosmos de la eterna lucha entre el impulso y su represión, entre el id y el ego, entre el deseo y el autocontrol, entre la gratificación y su demora. Y sea cual fuere la decisión que tome el niño, constituye un test que no solo refleja su carácter, sino que también permite determinar la trayectoria probable que seguirá a lo largo de su vida» (Daniel Goleman, *Inteligencia emocional*, «El test de las golosinas», Kairós).

2 **Analizar.** Analiza cómo reaccionarías ante situaciones frustrantes, como perder un partido en el que has jugado muy bien o suspender una asignatura para la que has estudiado mucho; o ante situaciones emocionantes, como, por ejemplo, si ganas el primer premio de un concurso...

4 Los demás y nosotros

4.1 El amor

Si hay una emoción que ha llevado al ser humano a infinidad de reflexiones y locuras, es el amor. Se trata de algo fascinante, con una influencia decisiva en nuestras vidas. Parte de su fascinación procede del hecho de que, frecuentemente, escapa al control racional, resultándonos incomprensible por qué nos atrae alguien cuyas virtudes no son tan evidentes para los demás o incluso, a veces, para nosotros mismos.

Nos odiamos y nos amamos. A veces incluso a la misma persona y al mismo tiempo, pero siempre con una fuerza magnética, ya sea repulsiva o atractiva, que no deja de sobrecogernos.

Podemos amarnos según diferentes circunstancias, con distintos tipos de relaciones personales y objetivos. Por ejemplo: podemos querernos a nosotros mismos, entre los miembros de una familia, los amigos, las parejas e incluso los desconocidos (de un modo filantrópico y altruista).

En todo caso, siempre es una emoción que nos ayuda a establecer y mantener vínculos que nos servirán en nuestra vida, buscando la cercanía y la ayuda de personas que nos quieran y colaboren con nosotros en la tarea de ser más felices juntos.

4.2 El amor de pareja

El tipo de amor que resulta más característico y en el que pensamos en primer lugar cuando oímos la palabra, es el amor de pareja. A él han dedicado los artistas buena parte de sus obras y tiene una fuerza tan grande que nunca deja de llamar nuestra atención.

Se trata de un sentimiento que normalmente pasa por diferentes fases, empezando con una pasión absolutamente arrebatadora y que suele serenarse con el paso del tiempo, complementando la atracción física con la ternura, la comprensión y la colaboración.

Erich Fromm detalla algunos rasgos del amor maduro: el conocimiento, el respeto y la entrega a la otra persona. Es característica una superación del egoísmo, conservando y respetando la libertad de cada uno, evitando las manipulaciones y abriéndose al mundo a través del otro.

El amor es una emoción muy poderosa que habitualmente escapa al control racional.

4.3 La imagen y la satisfacción personal

Lo que queremos es estar a gusto, estarlo nosotros mismos y que lo estén quienes se encuentran a nuestro alrededor. Pero es difícil que se sientan felices las personas que nos quieren si nos ven mal. Por lo tanto, estar bien y sentirnos bien no es solo algo egoísta, sino también un medio para conseguir ayudar a las personas que nos aprecian.

Uno de los aspectos relevantes de ese sentimiento es la imagen corporal. Nos gusta sentirnos guapos y en nuestra sociedad esto puede convertirse en una tiranía. Por ese motivo, hay ocasiones en las que resultamos esclavizados por esa imposición.

Uno de los síntomas de que algo falla en nuestra apreciación de nosotros mismos durante la adolescencia son los trastornos alimenticios.

Algunos de los actuales ideales de belleza, que fomentan la extrema delgadez, pueden ser la causa de trastornos alimenticios que pueden dañar gravemente la salud.

4.4 Trastornos alimenticios

Con frecuencia, los modelos ideales propuestos por la sociedad difícilmente son compatibles con la salud de la mayoría.

El afán por intentar encajar en estos modelos puede llegar a producir anorexia, un trastorno en el que las dietas no son un modo de evitar la obesidad, sino una enfermedad peligrosa.

La anorexia envuelve a algunas personas en una ilusión obsesiva haciéndoles creer que siempre están demasiado gordas y llevándolas a una delgadez extrema que no solo resulta desagradable, sino que puede ser muy peligrosa para su salud.

Según Goleman, hay estudios que demuestran que parte de estos trastornos se debe a una incapacidad para reconocer correctamente las propias emociones. Hay personas que tienen dificultades para distinguir el miedo, la ira, la frustración y el hambre, de manera que terminan comiendo compulsivamente cada vez que se preocupan.

Este comportamiento conduce a la bulimia, un trastorno que provoca un consumo excesivo de alimentos y que termina en vómitos para evitar engordar.

No se debe subestimar la importancia de estos trastornos y conviene buscar ayuda cuando pensamos que los tenemos o conocemos a alguien que los padece, puesto que resultan muy peligrosos.

Comprende, piensa, investiga...

1. Busca un poema y una canción que hablen del amor entre amigos o entre padres e hijos.
2. ¿Cuáles crees que son las claves para una buena relación amorosa?
3. Busca información en Internet sobre cómo actuar ante los trastornos alimenticios.
4. Averigua qué son los siguientes trastornos: la bulimarexia y la vigorexia.

Aplica tus competencias

Todo ser humano tiene derecho a la vida y agredir a otras personas está mal. No obstante, de vez en cuando, se plantean situaciones que obligan a pensar si existe alguna excepción a este derecho inalienable. Una de las más relevantes se conoce en derecho como legítima defensa.

¿Legítima defensa?

Si una persona armada con una pistola se acerca hacia mí con malas intenciones y yo dispongo de un cuchillo para defenderme, ¿está mal que lo utilice?

Desgraciadamente, la respuesta a preguntas como esta no siempre es fácil y las circunstancias habitualmente son muy variables (imaginemos, por ejemplo, que quien dispone de la pistola soy yo y que la otra persona es más débil).

Supongamos que yo utilizara el arma para defenderme y causara a quien me amenaza un daño grave. Después podría haber un juicio. El agresor y sus familiares podrían decir que yo no estaba en tanto peligro o que utilicé una fuerza desproporcionada e innecesaria.

El juez podría valorar si mi situación era un eximente (lo que me libraría de toda condena), solo un atenuante (lo que haría que la condena fuera menor) o que he mentido e inventado una historia para justificar mi agresión.

Algunas personas, como Gandhi, han defendido la no violencia incluso cuando son agredidas, prefiriendo ser víctimas a verdugos o asesinos.

Evalúa una situación

1 Imagina que eres un juez: ¿condenarías a alguien que ha usado una violencia enorme cuando se ha defendido de una persona que no representaba un gran peligro? Argumenta tu respuesta.

2 ¿Y si el atacante es muy violento y la víctima le causa un grave daño accidentalmente?

Aplica la justicia

3 Averigua el significado de «atenuante» y de «eximente» en el ámbito jurídico y explica cómo podrían aplicarse en estos casos. A continuación, vuelve a juzgar las situaciones anteriores.

Evitamos la violencia

4 En grupos, investigad en qué consiste la no violencia. Averiguad quién fue Gandhi, qué consiguió y cómo lo logró.

5 A lo largo del siglo XX, ha habido otros importantes personajes que se han opuesto a cualquier tipo de violencia: nos referimos a Martin Luther King y a Nelson Mandela. Investigad qué tienen en común y contra qué luchaban.

6 Con la información recopilada, haced un trabajo sobre la no violencia y responded a esta pregunta:

«¿Se pueden resolver los conflictos sin emplear la violencia?».

Los valores en la historia

Hitler, el comealfombras

Uno de los políticos mundiales que ha pasado a la historia por perder el control de sus emociones y dejarse llevar por terribles ataques de ira cuando algo lo frustraba, es Adolf Hitler (1889-1945).

Aunque en estos casos no es fácil saber cuánto de lo que se cuenta es cierto o cuánto pudiera ser un invento de sus enemigos, el líder nazi tenía unos arrebatos de furia que, según algunas versiones, lo llevaban a morder diferentes objetos (como pueden ser un pañuelo o un cojín) e incluso a arrojarse al suelo y mordisquear una alfombra.

Fueran ciertos o no y parte de una actuación deliberada o el resultado de una personalidad neurótica, al parecer sus exhibiciones de mal carácter tenían un efecto terrible sobre quienes las presenciaban, impulsándolos a comportarse con una sumisión mayor y a obedecer de manera ciega.

La película *El hundimiento,* rodada a partir de testimonios de algunas de las personas que convivieron con Hitler en los últimos días de su mandato, presenta alguno de esos accesos de rabia.

emprender aprender

Redactamos una ley

La legítima defensa es un derecho de muy difícil evaluación. En teoría, parece fácil establecer que una persona tiene derecho a defenderse cuando es atacada, pero no es tan fácil aplicarla a los casos reales ni determinar la cuantía de la pena que se debe imponer.

En muchas ocasiones, la legítima defensa ha sido invocada por numerosos países para justificar una guerra con sus vecinos. Se declaran agredidos o simplemente en peligro para atacar «con la ley de su parte». Quizá, a veces la percepción del riesgo era cierta y el ataque justificado, pero en otras se trataba de un simple engaño para apoderarse de algo valioso.

También los individuos pueden alegar legítima defensa para encubrir un asesinato o atacar a otro por un miedo incontrolado, pero sin base real.

Además, para graduar la pena es necesario tener en cuenta todas las circunstancias que han llevado al acusado a defenderse.

LEY DE LEGÍTIMA DEFENSA

Imaginad que tuvierais que redactar una ley en la que establecieseis las circunstancias que deben valorarse para decidir cuándo estamos ante una situación de legítima defensa y cuándo no.

Para ello, hay que tener en cuenta aspectos como los siguientes: cuál era el peligro real o si mediaba una provocación; la víctima, ¿tenía posibilidades de huir o de conseguir ayuda?; ¿alguna de las dos partes tenía una ventaja importante sobre la otra?...

1 Buscad información legal sobre la legítima defensa en el código penal.

2 Solicitad ayuda para que os expliquen su significado.

3 Debatid en grupo qué apectos os parecen más importantes en la evaluación de los casos de legítima defensa.

4 Redactad la ley considerando las circunstancias que se han de tener en cuenta y estableciendo las penas que se han de imponer.

4

Ser adolescente

La batalla por la autoafirmación

La división de la vida humana en etapas es relativa: no hay un momento concreto en el que alguien deje de ser niño y se convierta en joven.

La adolescencia representa un período intermedio, una fase de transición entre la infancia y la vida adulta. Es un momento en el que se producen muchos cambios físicos y psicológicos.

Pero también es un fenómeno cultural y social: en la adolescencia necesitamos afirmarnos a nosotros mismos frente a los demás y frente al mundo recién descubierto.

El adolescente busca el modo de construir su personalidad, de enfocar su proyecto vital. En definitiva, se busca a sí mismo.

Los adolescentes forman grupos que les permiten compartir posturas ante la vida con las que se identifican. Descubren problemas y soluciones juntos.

El autocontrol nos hace más libres al hacernos más independientes de nuestra impulsividad.

No ser como los demás no debe afectar a la autoestima.

En esta unidad vas a estudiar

1 Los cambios físicos y psicológicos que identifican la adolescencia.

2 La crisis de identidad del adolescente.

3 La existencia entre iguales en la adolescencia.

4 La utilidad del autocontrol y la autoestima.

Reflexionamos

La importancia del aspecto físico

El aterrador cómputo de estudiantes del instituto de Forks era de tan solo trescientos cincuenta y siete, ahora trescientos cincuenta y ocho. Solamente en mi clase de tercer año en Phoenix había más de setecientos alumnos. Todos los jóvenes de por aquí se habían criado juntos y sus abuelos habían aprendido a andar juntos. Yo sería la chica nueva de la gran ciudad, una curiosidad, un bicho raro.

Tal vez podría utilizar eso a mi favor si tuviera el aspecto que se espera de una chica de Phoenix, pero físicamente no encajaba en modo alguno. Debería ser alta, rubia, de tez bronceada, una jugadora de voleibol o quizá una animadora, todas esas cosas propias de quienes viven en el Valle del Sol.

Por el contrario, mi piel era blanca como el marfil a pesar de las muchas horas de sol de Arizona, sin tener siquiera la excusa de unos ojos azules o un pelo rojo. Siempre he sido delgada, pero más bien flojucha y, desde luego, no una atleta. Me faltaba la coordinación suficiente para practicar deportes sin hacer el ridículo o dañar a alguien, a mí misma o a cualquiera que estuviera demasiado cerca.

[...] Mientras me enfrentaba a mi pálida imagen en el espejo, tuve que admitir que me engañaba a mí misma. Jamás encajaría, y no solo por mis carencias físicas. Si no me había hecho un huequecito en una escuela de tres mil alumnos, ¿qué posibilidades iba a tener aquí? No sintonizaba bien con la gente de mi edad. Bueno, lo cierto es que no sintonizaba bien con la gente. Punto. Ni siquiera mi madre, la persona con quien mantenía mayor proximidad, estaba en armonía conmigo; no íbamos por el mismo carril. A veces me preguntaba si veía las cosas igual que el resto del mundo. Tal vez la cabeza no me funcionara como es debido.

Pero la causa no importaba, solo contaba el efecto. Y mañana no sería más que el comienzo.

Stephenie Meyer, *Crepúsculo,* Alfaguara.

Dialogamos

1 ¿Consideráis que el aspecto físico determina cómo se ha de tratar a una persona? Argumentad la respuesta y dialogad sobre el tema.

2 ¿Es justo rechazar a otros adolescentes debido a su aspecto físico o a su forma de vestir, por ejemplo?

1 Entre la infancia y la juventud

1.1 La adolescencia

La división de la vida humana en etapas es relativa: no hay un momento concreto en el que alguien deje de ser un niño y se convierta en joven. La adolescencia es un período intermedio, y suele entenderse como una fase de transición entre la infancia y la vida adulta. La Organización Mundial de la Salud la sitúa entre los diez y los diecinueve años. Es más temprana en las mujeres que en los hombres.

Es una etapa en la que se producen muchas transformaciones, tanto físicas como psicológicas, la mayoría relacionadas con la maduración sexual. Algunas de ellas son muy evidentes: cambian la piel y la voz, aumenta nuestra estatura, se marcan los rasgos sexuales... El aspecto de niños y niñas va dejando lugar al de hombres y mujeres. Otros cambios, incluso siendo físicos, no son tan visibles: hay estudios que sugieren que la modificación de la conducta adolescente puede estar relacionada con alteraciones del ADN que afectan al funcionamiento de las neuronas y al desarrollo cerebral.

1.2 Cambiamos

La adolescencia es un momento decisivo de la vida y, aunque tiene complicaciones, también es una experiencia apasionante. Los cambios físicos y emocionales sitúan al adolescente ante un mundo de sensaciones desconocidas que afectan a su conducta.

En la adolescencia se producen enormes cambios tanto físicos como emocionales.

Las descargas hormonales hacen que el estado emocional fluctúe: unas veces estamos felices y eufóricos; otras, abatidos sin razón aparente. No es raro que los impulsos agresivos y sexuales se vuelvan difíciles de gestionar y de controlar, llevando, en ocasiones, al individuo ante complicaciones que debe resolver eficazmente.

Lo cierto es que, desde el punto de vista del comportamiento, se producen alteraciones que desconciertan tanto al adolescente como a las personas que están a su alrededor.

Cuando estos cambios de conducta derivan en problemas, reconocerlo puede ayudarnos a resolverlos, porque nada disculpa nuestra responsabilidad sobre lo que hacemos. La edad nos permite explicar y entender mejor por qué alguien actúa de un modo determinado, pero nunca es una excusa para obrar incorrectamente.

Las alteraciones del estado de ánimo desconciertan a los propios adolescentes y a las personas que los rodean.

1.3 Adolescencia y sociedad

La adolescencia es también un fenómeno cultural y social. En las sociedades más primitivas y menos complejas, cuando los individuos alcanzan la madurez sexual, son admitidos en la sociedad adulta mediante ritos de iniciación, en los que se les enseñan las técnicas de caza, sus funciones sociales y las prácticas de las relaciones sexuales.

En nuestra sociedad, por el contrario, la adolescencia se prolonga durante ocho o nueve años. Una de las razones es que lograr la independencia social y económica es más difícil en la actualidad que en las sociedades precedentes. Por ejemplo, el nivel de cualificación profesional que es necesario en la vida actual es mucho mayor que en las sociedades primitivas, como lo atestigua el hecho de que dediques alrededor de dieciséis años a tu preparación en los diferentes estudios.

En ocasiones, este desfase genera situaciones conflictivas, dado que el adolescente se siente impulsado a vivir de forma autónoma, se cree suficientemente mayor y prefiere la compañía y los consejos de quienes son como él a los de su propia familia. Sin embargo, en nuestra sociedad, debe permanecer junto a esta y, como no puede ser menos, respetar las normas establecidas en su casa.

Se trata de una etapa en la que tanto los padres como los hijos y hermanos se ven obligados a mostrarse especialmente pacientes. En los momentos más complicados, debemos recordar que la adolescencia es un período transitorio.

Comprende, piensa, investiga...

1 Define la adolescencia con la información de este apartado.

2 ¿En qué sentido se dice que la adolescencia también es un «fenómeno cultural y social»?

3 **Evaluar.** ¿Qué cambios has experimentado en tu conducta de adolescente? Anota los que debes corregir para evitar conflictos.

2 Conócete a ti mismo

2.1 El oráculo de Delfos

Según Pausanias, geógrafo e historiador del siglo II, en el templo dedicado al dios Apolo, en Delfos, estaba escrito este aforismo: «Conócete a ti mismo», cuyo significado original era: recuerda que eres un ser humano y no un dios; es decir, que tienes virtudes y poderes, pero que también eres un ser limitado. La sabiduría, según esto, comienza con el conocimiento de uno mismo, de nuestras capacidades y de nuestros límites.

Este imperativo se vuelve más apremiante en la adolescencia, dado que las transformaciones nos desconciertan y nos sorprendemos a nosotros mismos actuando sin pensar e, incluso, de un modo contrario a como querríamos.

Empezamos a plantearnos problemas vitales que antes no teníamos en cuenta, algunos de los cuales se recogen en el título de una obra del pintor Paul Gauguin: *¿De dónde venimos? ¿Quiénes somos? ¿Adónde vamos?*

Un niño vive, en buena medida, despreocupadamente, pero el joven ya debe estar preparado para tomar decisiones importantes que afectan a su vida. Por ello, comienza a formular preguntas de un marcado carácter filosófico: ¿cuál es el sentido de la vida? Pero no se trata de una duda meramente abstracta, sino que tiene consecuencias concretas: ¿qué voy a hacer yo con la mía?

Templo de Apolo en Delfos (Grecia).

Conocerse a sí mismos, como se recomendaba en el templo de Apolo, es una necesidad apremiante para los adolescentes.

2.2 Crisis de identidad

De pequeños, no nos preocupa quiénes somos. De adultos, todos nos reconocemos por una imagen externa, unas formas de ser y de actuar particulares, y también una manera determinada de vestir y unos gustos concretos.

En la adolescencia, sin embargo, estas peculiaridades que nos identifican parecen encontrarse en medio de un huracán pasional. Atravesamos una crisis de identidad y tememos naufragar. Resulta evidente que hemos superado la etapa infantil, incluso nos molesta que nuestros padres o profesores nos sigan tratando como a niños.

Nos sentimos distintos, pero no sabemos todavía qué tipo de persona deseamos ser. Esta situación nos desconcierta y empezamos a dudar y a pensar sobre nosotros mismos. Esa reflexión se denomina «introspección» y nos sitúa ante todo un mundo nuevo y desconocido que, sin embargo, está muy cerca, en nuestro interior.

2.3 Una nueva forma de estar en el mundo

Mientras somos niños, el tiempo pasa sin enterarnos, estamos siempre entretenidos y vivimos inmersos en el mundo que nos rodea. El mundo está ahí para nosotros y nos sentimos felices jugando en él. No hay preocupaciones ni deberes ni interrogantes inoportunos. Si estamos bien, disfrutamos y reímos; si algo nos sienta mal o nos hace daño, protestamos y lloramos, y ahí se acaba todo.

En la adolescencia descubrimos el aburrimiento y la soledad, dos estados de ánimo que responden a nuestra nueva forma de estar en el mundo. Entre mi entorno y yo se ha producido una separación.

Por eso, a veces nos aburrimos con todo lo que tenemos y nos rodea. Sentimos que los demás no nos entienden, nos encerramos en nuestro yo para explorar y huir de un mundo que se nos ha hecho extraño. Ahora tenemos que empezar a abrirnos camino por nosotros mismos.

Se podría decir que pasamos de una vida natural, la del niño, a una vida moral, que debemos construir nosotros mismos desde la adolescencia.

Ahora bien, podemos apoyarnos en la experiencia y en los consejos de los adultos que nos rodean, nos quieren y nos cuidan. Entonces, es importante que, a pesar de que en ocasiones suponga un gran esfuerzo, refrenemos las ansias juveniles y escuchemos lo que nos dicen. Tomarnos tiempo para decidir correctamente nos ayudará a evitar algunos de los llamados «errores de juventud», cuyas consecuencias a veces son muy duraderas.

Bien manejada, la adolescencia resultará muy enriquecedora.

Comprende, piensa, investiga...

1 **Justificar.** ¿Estás de acuerdo con que es importante conocernos a nosotros mismos? Argumenta tus razones

2 Busca una definición de introspección y observa si es un comportamiento que se lleva a cabo por igual en todas las edades.

3 No hace mucho tiempo que has dejado de ser niño, ¿qué es lo que más echas de menos de esa etapa?

Paul Gauguin: *¿De dónde venimos? ¿Quiénes somos? ¿Adónde vamos?*

Tras la salida de la niñez, el adolescente se plantea por primera vez problemas vitales que antes no le preocupaban.

3 Grupos de adolescentes

3.1 La adaptación al grupo de iguales

El tránsito adolescente crea en nosotros muchas inseguridades, tenemos bruscos cambios de humor, no nos entendemos a nosotros mismos, la familia pierde importancia inmediata en nuestra vida, nos cuesta más seguir las instrucciones de nuestros padres y nos sentimos más ligados a otras personas de nuestra edad.

Dejar de ser niño supone separarse de los padres y adultos. La distancia, que en ocasiones se convierte en un abismo, se vive de forma traumática cuando adquiere formas de enfrentamiento, de rebeldía, de crítica de lo que hasta entonces se ha vivido en la familia.

La relación con los padres y con los profesores se hace problemática: discusiones continuas, enfados, riñas... Los adolescentes pueden llegar a ser violentos, porque en esta etapa crece nuestra impulsividad y todavía no tenemos desarrollados nuestros sistemas de autocontrol.

Necesitamos de forma imperiosa ser aceptados por el grupo de amigos más próximos, aun a costa de tener que hacer cosas, expresar ideas y aceptar actitudes de los demás con las que no estamos de acuerdo.

Los adolescentes forman grupos que les permiten compartir posturas ante la vida con las que se identifican. Se descubren problemas y soluciones juntos, acompañados de aciertos y de errores.

Durante la adolescencia, el grupo de amigos adquiere mucha importancia e influye profundamente en el comportamiento de las personas.

3.2 Grupos y tribus

No siempre resulta fácil encontrar un colectivo de personas de edades similares que nos resulte satisfactorio. No obstante, en este período se busca con quién compartir intereses, preocupaciones, aficiones y soluciones. Esto lleva incluso a la creación de las llamadas «tribus urbanas», que se suelen identificar por su modo de vestir, por la música que escuchan o por las actividades que realizan.

Los tipos varían con el tiempo porque es muy importante distinguirse de los demás. *Heavies*, góticos o *hipsters* se reconocen entre ellos, se identifican y defienden su modo de vivir como el más auténtico.

Las «tribus urbanas» satisfacen la necesidad de los adolescentes de distinguirse de los demás y, al mismo tiempo, de pertenecer a un grupo.

3.3 La autoafirmación

En la adolescencia necesitamos afirmarnos a nosotros mismos frente a los demás y frente al mundo recién descubierto, tanto exterior como interior, en el que nos empezamos a mover.

Esta necesidad de afirmación personal se expresa de múltiples formas en el adolescente: ya no aceptamos de buen grado que nos digan cómo tenemos que vestirnos; cambiamos nuestro corte y color del pelo, pasamos mucho tiempo delante del espejo...

Nuestra imagen se convierte en una preocupación muy importante, nos sentimos inseguros justo en el momento en el que deseamos con mayor intensidad agradar, ser aceptados y queridos por los amigos con los que emprendemos el camino hacia la edad adulta.

Junto a la satisfacción que nos proporcionan los retos que vamos a afrontar, también existen peligros que pueden perjudicar nuestro desarrollo. El tabaquismo y el alcoholismo son dos ejemplos de adicciones que comienzan en este período. Pero hay otros riesgos, como los trastornos alimenticios o el aislamiento angustioso que puede llevar a la desesperación y a la depresión.

Frecuentemente, el adolescente, llevado por el deseo de reconocimiento, se enfrenta con los adultos que lo rodean y procuran su bienestar sin cálcular las consecuencias.

Estas circunstancias, en algunas ocasiones, pueden poner en riesgo nuestro futuro, por lo que a veces resulta conveniente pedir ayuda, empezando por los adultos que nos aprecian y siguiendo por personas especializadas si es necesario.

Comprende, piensa, investiga...

1 **Justificar.** ¿Crees que la familia pierde importancia para el adolescente?

2 En grupos, averiguad qué caracteriza a algunas tribus urbanas y buscad ejemplos de cómo actúan. ¿Os parece ventajoso pertenecer a alguna o es mejor mantenerse al margen?

3 ¿Cuáles son los motivos más frecuentes de desacuerdo con tus padres o con tus profesores?

4 Valorad en común si los adolescentes sois más vulnerables que los adultos a las malas influencias. Argumentad vuestras razones.

4 Tener personalidad

4.1 La impulsividad

Mientras somos niños, nuestra conducta está orientada por unos intereses muy vinculados a las necesidades biológicas. Las reacciones son impulsivas: el niño quiere satisfacer sus necesidades, y lo quiere ahora.

Esta impulsividad se mantiene también en el adolescente, aunque en su caso varíe el objeto de sus deseos con respecto al niño. Ahora se centran en vestir de un modo determinado, en exigir nuevas libertades...

Esa impulsividad es, en principio, beneficiosa: se puede transformar en el deseo de mejorar el mundo, de adquirir conocimiento y apreciar la belleza, en compromiso con ideales altruistas... Pero también se puede convertir en una fuente de conflictos con tus padres y con tus profesores.

Es muy frecuente que las observaciones de los adultos se vivan como prohibiciones que limitan la propia libertad y provoquen reacciones de rebeldía agresiva.

Debes entender que tú tampoco eres fácil de tratar para tus padres. Muchas veces no saben cómo comportarse contigo porque tú reaccionas de formas muy diferentes, según tu estado de ánimo, que es muy variable.

Otras personas se refugian en actitudes infantiles, acercándose incluso a lo que el psicólogo norteamericano Dan Kiley denominó «síndrome de Peter Pan», que afecta a quienes se comportan como si todavía fueran niños a pesar de haber superado esa edad.

Una buena guía para afrontar estas dificultades suele consistir en tratar de ponerse en el lugar de la otra persona, comprender cuál es su punto de vista y sus inquietudes.

El comportamiento impulsivo de los adolescentes está influido por el cambio de su estado de ánimo.

4.2 El autocontrol

De lo dicho anteriormente se deduce la conveniencia e incluso la necesidad del autocontrol, ya que si somos capaces de retardar la satisfacción de nuestros impulsos y de nuestros deseos, aumenta nuestra capacidad de elegir lo más conveniente para nosotros y para las personas que nos rodean.

El autocontrol nos hace más libres al hacernos más independientes de nuestra impulsividad. Y con ello nos capacitamos para construir nuestra vida moral, elegir nuestros fines y adaptar nuestra conducta al respeto a los demás, aunque sean diferentes a nosotros.

Como es lógico, esta necesidad de autocontrol se hace más apremiante justo en el momento en el que más nos cuesta. Ahora bien, existen técnicas de relajación que pueden ayudarnos a conseguirlo. Todas ellas procuran acabar con los pensamientos obsesivos y sustituir su negatividad por otras ideas más positivas. Para ello, puede resultar muy útil empezar por reconocer lo que nos irrita para alejarnos de ello buscando alguna distracción.

4.3 La autoestima y el sentido crítico

Cuando el adolescente convierte a su grupo de amigos en la referencia fundamental de sus relaciones sociales, corre el riesgo de perder su propia iniciativa. No hay que olvidar que cada persona es distinta. Tú puedes ser más tranquilo y otro más rebelde, estar más a gusto con los amigos o con la familia...

No ser como los demás no debe afectar a la autoestima. El sentido crítico ayuda a no aceptar sin más lo primero que se te presenta, a diferenciar los intereses de tus amigos de los tuyos. No se trata de estar criticando a todas horas a los demás, sino de conservar la capacidad de decisión personal bien razonada.

En último término, la clave es reflexionar sobre qué es lo correcto y procurar hacerlo, tanto cuando coincide con el grupo como cuando nos separa de él. Así podremos estar conformes con nosotros mismos: quien hace las cosas lo mejor posible no está obligado a más.

Comprende, piensa, investiga...

1 **Justificar.** ¿Consideras que en los enfrentamientos entre padres e hijos suelen tener razón los hijos? Razona tu respuesta.

2 Investiga sobre técnicas de relajación y de autocontrol. Ponlas en práctica y anota si te resultan eficaces o no.

3 Pon algún ejemplo de autocontrol que resulte beneficioso.

El adolescente debe aprender a controlar sus deseos y sus impulsos

Aplica tus competencias

Muchas veces tenemos impulsos que nos llevan a desear cosas que sabemos que no son correctas, pero no siempre nos dejamos llevar por ellos.

La fábula de la rana y el alacrán

Las lluvias de los últimos días habían sido abundantes y el caudal del río había crecido mucho. Un alacrán estaba en medio del río, aislado en un pequeño islote. No sabía nadar y esperaba su oportunidad. Entonces se acercó una rana. El alacrán aprovechó la ocasión para pedirle que lo llevará hasta la orilla del río.

—Puedes subirme a tu espalda y ayudarme a cruzar el río —dijo el alacrán.

—Ni hablar —dijo la rana—. Me picarás y tu veneno me matará.

—¿Por qué habría de hacer eso? Si lo hiciera, nos ahogaríamos los dos —sentenció el alacrán tratando de convencer a la rana.

La rana reflexionó un momento y aceptó la petición. Pero antes hizo jurar al alacrán que no la picaría. Este realizó el juramento y subió a lomos de la rana. Entonces iniciaron el camino hacia la orilla, pero a mitad del recorrido la rana sintió un fuerte pinchazo y notó cómo su cuerpo se paralizaba. Enseguida comenzaron a hundirse.

—Pero ¿por qué me has picado? —se quejó la rana—. Ahora moriremos los dos.

—No tenía más remedio —dijo el alacrán—. Es mi naturaleza —explicó mientras se hundían en el agua.

Expresa tu opinión

1 ¿Qué habrías hecho tú si fueses la rana, habrías transportado al alacrán a la otra orilla? ¿Y en caso de hubieras sido el alacrán, habrías picado a la rana?

2 ¿Crees que al alacrán no le quedaba más salida que picar a la rana, aun sabiendo que actuar así supondría la muerte de ambos? Argumenta la respuesta.

Aprende a debatir

3 En general, en la adolescencia y en la juventud somos más impulsivos, nos dejamos llevar por nuestras emociones y por nuestros deseos sin reflexionar sobre las consecuencias de nuestra conducta.

Dialogad sobre algunas situaciones en que os resulta difícil razonar con claridad y dominar vuestros impulsos y vuestros deseos, y sobre las posibles consecuencias de vuestros actos.

Los valores en la historia

Alcanzar la mayoría de edad

«¡Es tan cómodo ser menor de edad! Mientras tenga un libro que piense por mí, un pastor que me diga cómo he de obrar, un médico que juzgue acerca de mi dieta..., no necesitaré de mi propio esfuerzo ni razón».

En estos términos explicaba críticamente el filósofo alemán Immanuel Kant, en el siglo XVIII, la conducta de quien no se atreve a hacerse mayor de edad.

Por supuesto, Kant no se refería a una edad física, sino a un tipo de comportamiento en el que la persona —tenga la edad que tenga— renuncia a usar su propia razón y depende de los demás; deja que ellos piensen por él y que le digan lo que tiene que hacer.

Añadía Kant que la propia persona es la culpable de esa minoría de edad, pues no se plantea servirse de su propio entendimiento sin ser guiado por otro.

Pero ¿por qué esas personas rehuirían su propia autonomía? Según Kant, muchos seres humanos permanecen en ese estado de minoría de edad, incluso a lo largo de toda su vida, por pereza y por cobardía.

Este filósofo pensaba que, para comportarse moralmente, la persona debía alcanzar la mayoría de edad, y a eso lo llamaba «ilustración». Para lograrlo, Kant recomendaba llevar a la práctica esta fórmula: «¡Atrévete a pensar!».

emprender aprender

Me conozco a mí mismo

La ventana de Johari es un juego que crearon Joseph Luft y Harry Ingham, de ahí su nombre, para ayudarnos a conocernos a nosotros mismos y saber cómo nos ven los demás.

Algunos aspectos de nuestra personalidad son observables por los demás, otros son ocultos, pero también hay aspectos que los demás observan y que nosotros desconocemos.

- En clase se trabaja por parejas.
- Cada alumno o alumna debe dibujar su propia ventana de Johari. Después, ha de rellenar la suya y la de su compañero.
- Por último, se comparan las ventanas para ver en qué coinciden y en qué difieren.

LA VENTANA DE JOHARI

A continuación, explicamos cómo se emplea la ventana de Johari:

1. En este primer apartado se pone lo que los demás conocen de mí porque yo mismo lo exteriorizo.
2. En la segunda celda se anotan las experiencias íntimas que no compartimos por miedo a ser rechazados.
3. En el tercer compartimento se escribe lo que los demás observan de nosotros pero que nosotros ignoramos.
4. Por último, en esta casilla se recoge la parte inconsciente de nuestra conducta.

VENTANA DE JOHARI	CONOCIDO POR LA PERSONA	DESCONOCIDO POR LA PERSONA
CONOCIDO POR OTROS	[1] Abierto	[3] Ciego
DESCONOCIDO POR OTROS	[2] Oculto	[4] Desconocido

5

Forjar el carácter

La prudencia y la buena vida

Hemos de estar preparados para afrontar con éxito los retos que se nos presentan en la vida.

La prudencia es la virtud que nos permite actuar correctamente ante los riesgos, aunque ello implique mucho esfuerzo. Ser prudente no es actuar con miedo ni con indiferencia.

Hay que elegir bien los medios que vas a utilizar para fortalecer tu carácter, y la mejor táctica es no desfallecer ante las adversidades.

El ser humano, a diferencia de los animales, es capaz de proyectarse en el futuro, porque puede adelantarse a los acontecimientos y prever las consecuencias de sus decisiones.

Con el temperamento se nace, depende de nuestra constitución biológica y genética. El carácter, por el contrario, se forma y se educa.

La resiliencia nos permite salir airosos y fortalecidos de la frustración.

Repitiendo actos adquirimos hábitos, por lo que los actos buenos generan hábitos buenos. Estos son los que Aristóteles llamaba virtudes.

Educar consiste en hacer y extraer de cada uno lo mejor de sí. La educación es formación en todos los órdenes de la vida.

En esta unidad vas a estudiar

1 Por qué es importante ser prudente.
2 Los medios para construir nuestro proyecto de vida.
3 Cómo vencer la frustración y utilizar la resiliencia.
4 Lo congénito y lo adquirido por medio de la educación en la construcción del yo.

Reflexionamos

Vivir encerrada

Pressia está tendida en el armario. Así dormirá cuando cumpla los dieciséis años dentro de dos semanas: con la dureza del contrachapado presionándole la espalda, el aire cerrado y las motas de ceniza acumuladas. Tendrá que ser fuerte para sobrevivir a esto; fuerte, sigilosa y, por la noche, cuando la ORS patrulle las calles, invisible.

Empuja la puerta con el codo y ahí está el abuelo, acomodado en su silla junto a la puerta del callejón. [...]

—Entonces, ¿qué? ¿Crees que podrás dormir ahí? —le pregunta el abuelo—. ¿Te gusta?

Pressia detesta el armario, pero no quiere herir sus sentimientos.

—Me siento como un peine en su estuche —se le ocurre decir. [...]

En cuanto cumpla los dieciséis años se verá confinada al almacén y a dormir en el armario. Su abuelo le ha hecho prometer, una y otra vez, que no saldrá a la calle. «Sería muy peligroso —suele decirle—. Mi corazón no lo soportaría».

Ambos conocen los rumores sobre lo que les ocurre a los que no se presentan en el cuartel general de la ORS el día de su decimosexto cumpleaños: les dan caza mientras duermen o mientras caminan a solas por los escombrales; les dan caza sin importar a quién hayan sobornado o por cuánto. El abuelo, ni que decir tiene, no puede permitirse pagarle nada a nadie.

Al que no se presenta por las buenas lo arrestan. Eso no es un rumor, es la verdad. Se cuenta que te arrestan y te llevan a la periferia, donde te desenseñan a leer (en el caso de que sepas, como Pressia). [...] Se rumorea que después te enseñan a matar utilizando blancos humanos. Y se dice también que o aprendes a matar o, si las Detonaciones te dejaron demasiado deforme, te usan como blanco humano y se te acabó la historia.

Julianna Baggott, *Puro. La cúpula I,* Roca Editorial.

Dialogamos

1 Bajo esas condiciones, ¿crees que Pressia podrá ser prudente? ¿Cómo podrá construir su personalidad?

2 El estado en el que viven los jóvenes de dieciséis años, ¿puede causarles frustración? ¿Qué metas podrán ponerse en sus vidas?

1 La prudencia

1.1 Un viaje sin retorno

Los poetas, y también muchos filósofos, tienen la rara habilidad de decir con pocas y bellas palabras lo que los demás presentimos de un modo oscuro. Las metáforas del viaje, del camino, del río que fluye, que utilizan repetidamente para describir la vida, iluminan en cada época nuestra existencia y sus vicisitudes cotidianas.

En el siglo xv, Jorge Manrique (1440-1479), en las *Coplas por la muerte de su padre,* nos recuerda la fugacidad de la vida:

Nuestras vidas son los ríos
que van a dar en la mar,
que es el morir.

Más recientemente, Antonio Machado (1875-1939), en *Campos de Castilla,* nos advierte de que la vida es un viaje sin retorno que depende de nosotros:

Caminante, son tus huellas
el camino, y nada más;
caminante, no hay camino,
se hace camino al andar.

Al andar se hace camino,
y al volver la vista atrás
se ve la senda que nunca
se ha de volver a pisar.

Es probable que nunca te hayas detenido a meditar sobre estos temas. Eres joven y tienes toda la vida por delante. Eso no impide que reconozcas que lo que no hagas por ti mismo con tu vida nadie lo va a hacer por ti. Los demás pueden orientarte, pero solo tú decides el rumbo que emprendes.

1.2 Estar preparados

Hay profesiones (policía, bombero o militar) que implican enfrentarse a situaciones muy peligrosas. Recuerda, por ejemplo, el trabajo de los bomberos de Nueva York tras los atentados del 11 de septiembre de 2001, contra el World Trade Center, o el riesgo que corren los policías en una redada para detener a una célula terrorista. En ninguna de estas acciones u otras semejantes se puede improvisar. Los profesionales tienen que estar preparados para actuar con el menor daño posible para ellos y para el ciudadano. Por eso se entrenan diariamente de un modo muy concienzudo.

En cierto modo, también nosotros, por el simple hecho de ser humanos y de no saber lo que nos va a suceder, tenemos que estar preparados para poder afrontar con éxito las tareas de la vida. No puedes esperar llegar a ser un futuro gran deportista si no empiezas a entrenar y a tener disciplina desde joven. Es una quimera pretender tener éxito como cantante si no ensayas duramente y educas tu voz. Nunca llegarás a ser lo que quieres ser si no lo intentas y te preparas desde ahora, asumiendo el esfuerzo que tal tarea requiere.

Como los profesionales en actividades de riesgo, tenemos que estar preparados para afrontar las situaciones de nuestra vida.

La prudencia es una virtud que debemos cultivar, pues nos ayuda a evitar los riesgos excesivos y a afrontar aquellos que podemos superar.

1.3 Sé prudente

¿Qué es la prudencia? Empecemos por decir lo que no es. Ser prudente no es actuar con miedo o por temor, eso es ser timorato o pusilánime. Tampoco podemos considerar prudente a alguien que, ante cualquier dificultad, se mantiene al margen y no actúa. A este lo llamaríamos pasota o indiferente.

La prudencia, sin embargo, es una virtud: una forma de ser excelente que nos permite actuar con éxito ante aquellos riesgos que sabemos que se pueden superar, aunque ello implique mucho esfuerzo.

Muchos filósofos consideran que la prudencia es la virtud fundamental, pues con ella estamos en disposición de hacer del camino de la vida algo provechoso y feliz para todos. En concreto, Aristóteles pensaba que se adquiría mediante el esfuerzo constante por realizar lo correcto. Según él, igual que el arquero se entrena para acertar con más frecuencia en el centro de la diana, el ser humano tiene que procurar evitar los comportamientos extremos hasta adquirir el hábito de atinar prudentemente en nuestras acciones.

Comprende, piensa, investiga...

1 Investiga sobre la vida y la obra de los poetas citados en este apartado. Averigua si la metáfora del río se ha utilizado en otras ocasiones y pon algún otro ejemplo.

2 En los centros educativos es obligatorio realizar simulacros de evacuación para estar preparados, por ejemplo, en caso de incendio o de otros desastres. ¿Creéis que puede ser beneficioso? ¿Sería prudente no hacerlos alegando que se interrumpen las clases, se acorta el recreo, se suspenden exámenes...? Debatid sobre el tema.

3 ¿Qué crees que quieren decir los adultos cuando os recomiendan que seáis prudentes?

2 Proponerse metas

2.1 Estrategia y táctica

En las grandes carreras ciclistas, los corredores y los equipos tienen un plan. Por ejemplo, los equipos preparan la Vuelta o el Tour y se proponen unos objetivos generales: ganar la carrera, ganar una etapa, estar en algunas escapadas... Estos objetivos, que dependen del potencial con el que cuente cada equipo y de sus intereses comerciales, constituyen lo que se llama la estrategia.

La estrategia, sin embargo, hay que ir adaptándola a cada circunstancia que se presenta en las distintas etapas de la carrera, y a esto lo llamamos la táctica. Por ejemplo, si tenemos previsto, como estrategia de equipo, ganar la Vuelta, el equipo tiene que vigilar en cada etapa a los posibles rivales de su líder.

Estrategia y táctica se comenzaron a aplicar en la guerra para después extenderse a muchos otros aspectos de la vida: el deporte, el comercio, la política... También podemos aplicar estas técnicas a nuestra vida personal. En este caso, la estrategia consiste en elegir bien los medios para fortalecer tu carácter, y la mejor táctica es no desfallecer ante las adversidades.

2.2 Utilizar los medios adecuados

Si quieres convertirte en profesor o ejercer de enfermero, tienes que ir eligiendo en cada curso las materias que, una vez superadas, te permitan realizar los estudios necesarios. Algo parecido sucede con nuestra vida moral: si quieres ser una persona solidaria, trabajadora, eficiente..., tendrás que elegir los medios adecuados para conseguirlo.

Como los equipos ciclistas, necesitamos una estrategia y una táctica para mejorar nuestra vida personal fortaleciendo nuestro carácter sin desfallecer ante las adversidades.

Una actitud prudente para alcanzar estos objetivos es aprovechar la experiencia ajena y dejarte aconsejar por personas más experimentadas que tú. Pero incluso eso exige que sepas escoger en quién confías. No todo el mundo va a recomendarte lo que es mejor para ti.

Seleccionar correctamente a las personas en las que queremos apoyarnos, meditar adecuadamente las decisiones más importantes que van a afectar a nuestro futuro y poner mucho empeño en actuar del mejor modo posible son algunos de los medios que nos ayudarán a llegar adonde queremos. Ese «adonde» es lo que constituye el objetivo de nuestro proyecto vital y personal.

2.3 Somos un proyecto

El filósofo José Ortega y Gasset (1883-1955) afirmaba que el ser humano, a diferencia de los animales, es un ser proyectivo; es decir, tiene la capacidad de proyectarse hacia el futuro, adelantándose a los acontecimientos y previendo las consecuencias de sus decisiones.

Según Ortega, nuestro proyecto vital, la meta a la que queremos dirigir nuestra existencia y que constituye nuestra razón de ser, es lo que se conoce como vocación.

Se suele relacionar este término con determinadas ocupaciones que requieren una especial dedicación: la medicina, el sacerdocio, la educación. Pero, en el sentido en el que lo utiliza Ortega, todo ser humano, por el mero hecho de serlo, está llamado a realizar su proyecto vital. De ahí el término «vocación», del latino *vocare,* que significa 'llamar' o 'ser llamado'.

No obstante, Ortega precisa que la profesión que deseamos desarrollar está al servicio de esa otra vocación más fundamental: el tipo de persona que queremos ser.

No siempre conseguimos realizar esa vocación y, como veremos más adelante, también tenemos que estar preparados para aceptarlo. Igual que la perseverancia nos ayuda a alcanzarla cuando nos proponemos una meta correcta, también debemos aprender a tolerar la frustración.

Ningún ser humano consigue todo lo que desea. Al fin y al cabo, si la vida es un camino, la felicidad no puede estar en la meta, sino en la satisfacción de recorrerlo.

Según Ortega, nuestra vocación profesional forma parte de nuestro proyecto vital, aunque debe estar supeditada al tipo de persona que queremos ser.

Comprende, piensa, investiga...

1 Expresa lo que entiendes por estrategia y por táctica. Pon algún ejemplo que tenga relación con tu proyecto vital.

2 **Identificar.** Concreta alguna meta que te propongas lograr y determina qué medios pueden ayudarte a conseguirla.

3 ¿Qué pensarías de un compañero o de una compañera que tiene grandes aspiraciones y, sin embargo, no hace sus deberes cotidianos en la escuela? Razona tu respuesta, compártela con la clase y debatid sobre el asunto.

3 Tolerar la frustración

3.1 Temperamento y carácter

Los filósofos antiguos pensaban que la forma de ser de cada uno, o la forma de comportarnos, nuestra manera de reaccionar ante diferentes acontecimientos o de enfrentarnos a la vida, estaba relacionada con el alma. El alma, *anima* en latín, era para ellos lo que determinaba la forma de ser de los seres vivos.

En la actualidad, los psicólogos tratan de explicar nuestra forma de ser empleando los conceptos de temperamento y carácter. Con el temperamento se nace, depende de nuestra constitución biológica y genética. El carácter, por el contrario, se forma y educa. El temperamento es la base biológica del carácter, y este, que constituye nuestro yo, puede encauzar o dirigir las manifestaciones espontáneas de aquel. Ambos forman nuestra personalidad.

A veces nos preguntamos si los deportistas o si los artistas nacen o se hacen; es decir, si para destacar en un ámbito determinado de la actividad humana, lo fundamental es tener unas cualidades concretas o si resulta más importante el esfuerzo que hay que invertir para lograrlo.

Ambos aspectos, las cualidades innatas y el esfuerzo, son necesarios. Para destacar en el baloncesto, es esencial tener determinadas capacidades físicas, pero eso no basta: solo quien, además de poseerlas, entrena duramente lo conseguirá.

Lo importante es desarrollar aquello que está en nuestra mano. También en el caso de la personalidad podemos mejorar. Y lo haremos «esculpiendo» nuestro carácter.

Las cualidades innatas son necesarias para conseguir nuestras metas, pero también se requiere del esfuerzo personal para desarrollarlas.

3.2 La naturaleza no hace nada en vano

Aristóteles consideraba que la naturaleza no obra caprichosamente, sino que siempre actúa siguiendo un fin, un propósito. Cuando esta expresión se tradujo al latín, se escribía así: «*Natura nihil fit in frustra*». En castellano, *in frustra* significa 'en vano'.

Frustración, por lo tanto, tiene que ver con la acción que se ha hecho en vano, que no ha alcanzado el fin que nos proponíamos con ella. Por extensión, se aplica también al estado en el que alguien queda cuando no se cumplen sus esperanzas, sus deseos o sus ilusiones. La frustración es un hecho habitual en la vida, porque no siempre alcanzamos lo que pretendemos. Así que tenemos que aprender a vivir con ella y a dominarla.

Desde luego, no se trata de provocar dolor a los demás gratuitamente para que aprendan a tolerar la frustración, pero sí de ayudar a comprender que es imprescindible ser capaces de aceptarla para realizarnos, puesto que resulta inevitable.

Compartimos el mundo con otras personas que también tienen propósitos, que a veces no coinciden con los nuestros y nos rechazan; otras personas desean lo mismo, pero, por la razón que sea, no nos es posible compartirlo. Ahora bien, también hay muchas con las que podemos colaborar.

3.3 La resiliencia

Las frustraciones pueden ser muy dolorosas, no solo por el daño real que producen (un suspenso, un desencuentro con los padres o un desengaño amoroso, por ejemplo), sino también porque minan la autoestima y nos hacen dudar de las propias capacidades.

Para combatirlas, no es una buena estrategia la resistencia al malestar o al dolor que producen sin darle una salida. La resiliencia trata, precisamente, de ayudarnos a salir fortalecidos de la frustración.

El término resiliencia proviene del latín *resilio,* que significa 'volver atrás'. Fue adaptado por el pediatra Michael Rutter a las ciencias sociales para caracterizar a las personas que, a pesar de vivir situaciones de alto riesgo, se desarrollan psicológicamente sanas y exitosas.

Según los especialistas, para fomentar el carácter resiliente hay que centrarse en lo que en realidad nos importa, confiar en nosotros mismos, tener sentido del humor (relativizando los problemas), ayudar a los demás y mantener relaciones saludables con los amigos.

Comprende, piensa, investiga...

1 **Describir.** Describe alguna experiencia frustrante que hayas tenido. ¿Por qué fue frustrante? ¿Cómo crees que podrías haberla superado o controlado?

2 Señala la diferencia entre temperamento y carácter.

3 Investiga sobre la resiliencia en la página web del Instituto Español de Resiliencia.

Para desarrollar una personalidad equilibrada es muy importante aprender a tolerar la frustración, pues no siempre conseguimos todo lo que deseamos.

4 Llegar a ser uno mismo

4.1 Ser auténtico

La forja del carácter, tema de esta unidad, no es un fin en sí misma. Del mismo modo que la famosa disciplina de los ciudadanos de Esparta o de los soldados del ejército prusiano tenía por finalidad lograr la victoria en la batalla, el objetivo de la forja del carácter es nuestra realización como personas y como ciudadanos.

Ni a los niños ni a los adultos suele recomendárseles que actúen con naturalidad, pero a los adolescentes sí. Precisamente estos encuentran gran dificultad en ello, porque están haciéndose y carecen de seguridad, no saben cómo ser naturales.

Cuando somos adolescentes, queremos autoafirmarnos en nuestra incipiente personalidad, queremos ser nosotros mismos, ser auténticos. Rechazamos la hipocresía y la falsedad que detectamos en la sociedad. Este impulso es digno y noble, necesario para el progreso moral de la persona. Sin embargo, la búsqueda de la autenticidad, por sí sola, no es suficiente.

La autenticidad no se puede separar de la verdad. ¿Qué significa ser uno mismo? ¿Significa que el matón dé rienda suelta a su matonismo o que el tímido se refugie en sí mismo, en su propia timidez? La autenticidad por sí misma no nos dice nada de la bondad o de la maldad de la persona, es decir, de su calidad moral. La autenticidad es una aspiración ambigua.

4.2 Aristóteles: lo congénito y lo adquirido

La ética de Aristóteles se ocupa del carácter, pero el carácter no lo podemos conocer directamente, sino a través de los hábitos, porque ellos sí son observables, como tú mismo puedes comprobar diariamente. A su vez, los hábitos se adquieren por la repetición de actos: los actos buenos nos permiten adquirir hábitos buenos. Estos son los que Aristóteles llamaba virtudes.

También existen en la naturaleza humana unas tendencias congénitas, es decir, no adquiridas; «apetitos» las llamaba este filósofo; son tendencias naturales, como la ira. Sobre ellas también tenemos posibilidad de actuar para favorecerlas o, por el contrario, para moderarlas. Por ello, en la *Ética a Nicómaco,* Aristóteles dice:

«De ahí la necesidad de realizar cierta clase de acciones, puesto que a sus diferencias (buenas o malas) corresponderán los hábitos. No tiene, por consiguiente, poca importancia el adquirir desde jóvenes tales o cuales hábitos, sino muchísima, o mejor dicho, total».

4.3 La educación, la construcción de uno mismo

La educación es un proceso en el que el protagonismo corresponde al aprendiz, no al docente. Las personas que nos rodean procuran guiarnos o conducirnos en la dirección que consideran que es más adecuada para nosotros, pero nos corresponde a nosotros tomar buena parte de las decisiones.

Las virtudes se desarrollan con el esfuerzo y la perseverancia, como los éxitos deportivos con el entrenamiento continuo.

El carácter se «forja» igual que el hierro, se moldea con esfuerzo mediante la educación para obtener lo mejor de nosotros mismos.

Mediante la educación se pretende que cada uno pueda extraer lo mejor de sí mismo, nuestros tesoros ocultos. Encontrar cuál es el que tenemos escondido y esforzarnos para que destaque por encima de nuestros defectos es cuestión de trabajo.

Para forjar el hierro, para sacar de él las mejores formas, hay que ponerlo incandescente al fuego; a continuación, se puede moldear con el martillo.

También la educación contribuye a moldearnos. La forja es una metáfora de la dificultad de la tarea de obtener lo mejor de uno mismo. No obstante, debemos tener en cuenta que no somos el metal a merced de otros herreros, sino ambos componentes: el herrero y el hierro, cuya interacción crea la figura que es nuestra vida.

Comprende, piensa, investiga...

1 ¿Qué entiendes por «ser auténtico»? Explícalo brevemente.

2 Busca información sobre la *Ética a Nicómaco,* de Aristóteles. Lee algunos fragmentos de los libros I, sobre la felicidad, y VIII, sobre la amistad, y haz un resumen de lo que consideres útil para forjar tu carácter.

3 En grupos, elaborad un informe sobre qué significa ser educado. Es importante que todos los miembros de cada grupo hagan su aportación. Después, las respuestas se pondrán en común y se dialogará sobre el tema.

4 **Evaluar.** En tu vida, ¿te sientes protagonista o actor secundario? Argumenta tu respuesta.

Aplica tus competencias

En la forja de nuestro carácter es muy importante ser capaces de superar las situaciones difíciles y aprender a tolerar la frustración, puesto que en la vida no conseguimos todo lo que queremos. La resiliencia es esa capacidad de sobreponernos a la adversidad para salir fortalecidos.

La historia de superación de Daniel Stix, el protagonista del anuncio de Cola-Cao

Daniel Stix nació con cáncer y con tan solo un 20 % de probabilidades de sobrevivir. A sus 17 años, ha ganado la Liga y la Copa del Rey de baloncesto en silla de ruedas con el primer equipo del CD Fundosa de la ONCE.

Seguro que su nombre y, sobre todo, su cara les suena por ser el protagonista de un anuncio de Cola-Cao en el que habla de los diferentes deportes que practica en silla de ruedas. Esquí, natación, kitesurf y bicicleta de montaña, prácticamente no hay deporte que se le resista y le gustaría probar alguno de riesgo.

«Desde siempre me ha encantado el deporte y estar activo, y gracias a muchas fundaciones y a mucha gente que nos ayuda a quienes queremos practicar deporte en silla de ruedas he sido capaz de tantas cosas», ha explicado Daniel Stix en *Las mañanas de RNE.*

Ahora todas sus experiencias las plasma en el libro *Con ruedas y a lo loco,* en el que el mensaje principal que pretende transmitir es que en la vida «hay que ir más allá de las dificultades, no pensar en las barreras, hacer lo que te gusta y disfrutar con ello». Por eso el subtítulo es así de potente: «Si te caes siete veces, levántate ocho».

«No me considero ni un Ghandi de la vida ni nadie», afirma Daniel. «No creo que sea un ejemplo; simplemente pretendo plasmar mis experiencias por si pueden ayudar a otro».

Dice que el deporte ha sido el medio que ha usado para superar su situación y los diferentes problemas que se le han presentado, y que lo ha ido amoldando a su forma de ver la vida. «Superarse y tomarse los problemas como un reto lo he conseguido con el deporte, pero al final es una forma de vida».

A sus 17 años, tiene las cosas muy claras. «Al final es cuestión de coraje y mucha valentía. Siempre me digo a mí mismo que tengo que vivir este día como si fuera el último, y así soy realmente feliz».

Raquel M. Alonso, *rtve.es,* 01-10-2014.

Comprende el texto y exprésate

1 ¿Cuál es la actitud vital de Daniel Stix ante su discapacidad? ¿Cuál podría ser el lema que inspira su forma de vivir?

2 Lee alguna de las experiencias que narra en su libro y explica a tus compañeros y compañeras los sentimientos que te inspira su conducta.

3 ¿Cuál crees que es el principal premio que ha obtenido Daniel?

Buscad información

4 Hay otros casos de personas que sufren dificultades y las superan. Buscad esas historias y, en grupos, escribid y exponed en clase su biografía.

Reflexionad

5 Debatid en clase sobre la autosuperación y la resiliencia y acordad unos principios que os sean útiles en vuestra vida.

Los valores en la historia. La nobleza de carácter y el valor

Los valores surgen de nuestra manera de interpretar la realidad: llamamos «bueno» a lo que interpretamos como valioso y denominamos «malo» a lo que consideramos carente de valor.

El filósofo Friedrich Nietzsche (1844-1900) investigó sobre el origen de los valores y distinguió dos maneras de valorar: la que llamaba plebeya o de esclavos y la manera noble o aristocrática.

Para distinguirlas, diferenciaba entre vulgaridad y nobleza, debilidad de carácter y fortaleza, entre lo que quieren todos y lo que solo desean los mejores, es decir, entre lo mediocre y lo excelso; en definitiva, entre los que van por la vida cargados de resentimiento, odio, envidia y que, a menudo, son vengativos, y los que son dueños de su poder y no odian, sino que aman, carecen de rencor, son inocentes y creativos.

Aquellos son los esclavos y estos son los señores en la moral. Por eso, Nietzsche hablaba de una moral de esclavos y de una moral de señores.

Nietzsche apostaba por la nobleza y la determinación, la inocencia y la juventud, la franqueza, la vitalidad y la creatividad, valores que él interpretaba como necesarios y buenos para forjar el carácter moral del individuo siempre dispuesto a afirmar la vida.

emprender aprender

Inventamos un código de conducta

En una conferencia, el famoso empresario Bill Gates propuso el siguiente código de conducta. Inspirándoos en él, cread un código propio que os ayude a forjar vuestro carácter y a superar las frustraciones.

Código de conducta para jóvenes de Bill Gates

1. La vida no es justa. Acostúmbrate a ello.
2. Al mundo no le importa tu autoestima. El mundo espera que logres algo, independientemente de que te sientas bien o no contigo mismo.
3. No ganarás 3 000 euros mensuales justo después de salir de la universidad, y no serás vicepresidente de nada hasta que, con tu esfuerzo, te hayas ganado ambos logros.
4. Si piensas que tu profesor es duro, espera a que tengas un jefe. Este sí que no tendrá vocación docente ni la paciencia requerida.
5. Dedicarse a servir cervezas o llevar pizzas no te quita dignidad. Tus abuelos lo llamaban de otra forma: oportunidad.
6. Si metes la pata, no es culpa de tus padres ni de tus profesores, así que no lloriquees por tus errores y aprende de ellos.
7. Antes de que nacieras, tus padres no eran tan aburridos como ahora. Empezaron a serlo al pagar tus cuentas, limpiar tu ropa y escuchar tus quejas. Así que, antes de emprender tu lucha por las selvas vírgenes contaminadas por la generación de tus padres, inicia el camino limpiando las cosas de tu propia vida, empezando por tu habitación.
8. En la escuela puede haberse eliminado la diferencia entre ganadores y perdedores, pero en la vida real no. En la escuela te dan oportunidades para ir aprobando tus exámenes, para que tus tareas te resulten más fáciles y llevaderas. Esto no te ocurrirá en la vida real.
9. La vida real no se divide en semestres, no tendrá largas vacaciones de verano, de Pascua, de Navidad, del patrón del colegio, puentes..., y pocos jefes se interesarán en ayudarte a que te encuentres a ti mismo. Todo eso tendrás que hacerlo en tu tiempo libre.
10. La televisión no es la vida diaria. En la vida cotidiana, la gente de verdad tiene que salir del café de la película para irse a trabajar.

6

La construcción de la personalidad

Qué significa tener personalidad

Gracias al proceso de socialización, la persona va adquiriendo de la sociedad la información (lengua, cultura, valores, normas, etc.) que necesita para convivir. Los principales agentes de socialización son: la familia, la escuela, los amigos y los medios de comunicación.

De la sociedad recibimos valores y normas de conducta que determinan nuestro comportamiento y forjan nuestra personalidad.

El proceso de configuración de la personalidad pasa por diversas etapas. Su finalidad es lograr la autonomía moral de la persona.

La autonomía moral es darse a uno mismo la propia ley. Heteronomía es recibirla de otro. Tener personalidad es ser moralmente autónomo.

En la adolescencia, el individuo sufre cambios orgánicos, emocionales y cognitivos, que afectan a la formación de su personalidad.

La inteligencia emocional consiste en saber manejar nuestras emociones para sentirnos bien y convivir según valores de solidaridad, tolerancia, prudencia y cooperación.

En esta unidad vas a estudiar

1. El proceso de socialización y sus agentes.
2. La pertenencia al grupo y la autonomía moral.
3. El control de la personalidad mediante la inteligencia emocional.
4. La conquista de la autonomía moral.

Reflexionamos

El autocontrol de Edward

—¡Ay, cómo echo de menos a mi amigo Carlisle! Me recuerdas a él, excepto que él no se irritaba tanto.

—Carlisle me supera en muchas otras cosas.

—Jamás pensé ver a nadie que superase a Carlisle en autocontrol, pero tú le haces palidecer.

—En absoluto —Edward parecía impaciente, como si se hubiera cansado de los preliminares. Eso me asustó aún más. No podía evitar el imaginar lo que vendría a continuación.

—Me congratulo por su éxito —Aro reflexionó—. Tus recuerdos de él constituyen un verdadero regalo para mí, aunque me han dejado estupefacto. Me sorprende que haya... Me complace que el éxito le haya sorprendido en el camino tan poco ortodoxo que eligió. Temía que se hubiera debilitado y gastado con el tiempo. Me hubiera mofado de su plan de encontrar a otros que compartieran su peculiar visión, pero aun así, no sé por qué, me alegra haberme equivocado.

Edward no le contestó.

—Pero ¡vuestra *abstinencia*...! —Aro suspiró—. No sabía que era posible tener tanta fuerza de voluntad. Habituaros a resistir el canto de las sirenas, no una vez, sino una y otra, y otra más... No lo hubiera creído de no haberlo visto por mí mismo.

Edward contempló la admiración de Aro con rostro inexpresivo. Conocía muy bien esa expresión —el tiempo no había cambiado eso—, lo bastante para saber que algo se estaba cociendo bajo esa apariencia de tranquilidad. Hice un esfuerzo para mantener constante la respiración.

—Solo de recordar cuánto te atrae ella... —Aro rió entre dientes—. Me pone sediento.

Stephenie Meyer, *Luna nueva*, Alfaguara.

Dialogamos

1 El autocontrol es importante para un desarrollo adecuado de nuestra personalidad. ¿Qué tal ejerces tu autocontrol y en qué asuntos?

2 ¿Consideras necesario que todos aprendamos a controlar nuestras emociones? ¿Cómo enseñarías a tus amigos a controlarse?

1 El punto de partida

1.1 Aprendiendo a vivir en sociedad

En la unidad anterior, estudiamos el significado del término «persona» y su dimensión moral, así como su contexto histórico y cultural original. En esta, estudiaremos cómo se construye la «personalidad».

Si observas a las personas que te rodean y reflexionas sobre sus conductas, te darás cuenta de que manifiestan comportamientos muy diversos: algunas son egoístas, y otras, generosas; unas son más autónomas que otras...; en definitiva, lo que define a una persona es su conducta. Pero no siempre se producen conductas adecuadas o buenas.

No obstante, lo cierto es que todas las personas aprenden a comportarse (bien y mal) en sociedad, porque de esta provienen los valores y las normas de comportamiento.

El niño aprende rápidamente de los demás y, desde muy temprano, escucha «Eso no se hace» o «Sí, muy bien». De esta forma, va asumiendo como buenas o como malas determinadas conductas, y así va integrando como propio un mundo de valores jerarquizado que en realidad le imponen los demás. ¿Cómo ocurre esto?

Aprendemos a relacionarnos con los demás en primer lugar en la familia, que nos transmite los valores a través de los sentimientos.

1.2 El proceso de socialización

Se denomina «proceso de socialización» al mecanismo por el que el ser humano va adquiriendo de la sociedad la información cultural que necesita para desenvolverse y progresar (una lengua, unos conocimientos teóricos y prácticos, unos hábitos, etc.) y, de manera especial, el conjunto de valores y de normas morales que configuran su comportamiento como persona.

Este proceso, por el que el individuo se socializa, viene impulsado por los «agentes de socialización». Los más importantes (por ser los más determinantes en la integración del individuo en la sociedad) son: la familia, la escuela, el grupo de amigos y los medios de comunicación.

La familia

Cuando nace, el niño está indefenso ante lo que le rodea. Necesita ser alimentado, protegido, aseado y sentirse querido. Poco a poco, irá necesitando información para valerse por sí mismo el resto de su vida.

Pues bien, en esta fase inicial, la familia cumple una función básica, porque es la primera con la que el niño entabla contacto y porque sus miembros se relacionan con él de manera afectiva: el niño consigue integrar en su conducta los valores no solo a través de buena información, sino también de buenos sentimientos.

La escuela

Pero la familia, por sí sola, no puede cubrir todas las necesidades del niño, ya que este también ha de convivir con otros de su misma edad y aprender información básica de otras personas. Así, van apareciendo en la escena del proceso de socialización del individuo otros agentes, como la escuela, los amigos y los medios de comunicación.

En la escuela, el niño se nutre de los conocimientos de la cultura a la que pertenece y que le servirán en el futuro para «ganarse la vida» respetando a los otros, cooperando con ellos y progresando juntos.

El grupo de amigos

Con los amigos, el individuo aprende de sus iguales y desarrolla competencias afectivas que ya había vivido en la familia: amor, pero ahora en forma de compañerismo, solidaridad, tolerancia...

Los medios de comunicación

En las sociedades modernas existe un agente de socialización muy eficaz: los medios de comunicación de masas. Es evidente que la prensa, la radio o la televisión pretenden influir y comunican valores. Pero no solo ellos. También lo hacen los libros o el cine.

Además, en la actualidad, han cobrado gran importancia otros medios como Internet o los videojuegos. Estos llegan a millones de personas y tienen una influencia muy poderosa, dado que aprovechan la relajación propia de los momentos de ocio.

Comprende, piensa, investiga...

1 Define «proceso de socialización» y «agentes de socialización».

2 Ordena los medios de comunicación en función de la mayor o menor influencia que tienen en ti. Debatid en clase sobre los cambios en el proceso de socializacion que ha producido la aparición de Internet y de los videojuegos.

3 **Distinguir.** Escoge tu videojuego preferido y expón qué valores y qué normas de comportamiento positivas y negativas consideras que se pueden aprender de él.

Otros agentes de socialización muy importantes en las sociedades actuales son los medios de comunicación de masas, que influyen sobre nuestras opiniones y también nos transmiten valores.

2 Inventando la propia vida

2.1 Pertenecer y participar

En uno de sus mejores libros, *Política para Amador,* el filósofo español Fernando Savater comenta que los individuos tenemos dos maneras de formar parte de los grupos sociales: podemos pertenecer al grupo y podemos participar en él:

a) La pertenencia se caracteriza por la entrega incondicional del individuo al grupo: quien, por ejemplo, es seguidor de un equipo de fútbol, suele someterse fielmente a la causa de sus colores, o quien pertenece a una religión o ideología, no lleva a cabo una evaluación crítica de sus postulados.

b) La participación, en cambio, es crítica y voluntaria, ya que el individuo se integra en un grupo porque quiere y bajo ciertas condiciones.

Si la pertenencia es incondicional, la participación es siempre, por el contrario, condicional.

Jean-Paul Sartre fue un filósofo y escritor francés del siglo XX a quien durante años, tanto algunos de sus seguidores como sus detractores, incluyeron en el grupo de los comunistas, pero él siempre decía lo mismo a unos y a otros: «Solo soy un compañero de viaje». Es decir, que su coincidencia en algunos temas con los comunistas fue siempre crítica y parcial: no pertenecía, sino que participaba.

La relación de pertenencia consiste en la entrega incondicional del individuo a un grupo, como los seguidores de fútbol animan incansablemente a su equipo.

2.2 Autonomía y heteronomía morales

Entre pertenencias y participaciones en distintos grupos se va configurando, desde la infancia, nuestra personalidad. Obedeciendo y desobedeciendo, se va formando nuestro modo de ser.

Así, llega la adolescencia, en la que el individuo empieza a cuestionarse si debe seguir fielmente los valores y las normas que le han inculcado su familia, la escuela, sus amigos..., o bien rechazar esas pautas de conducta para seguir otras propias. Se produce, de esta manera, el movimiento desde la heteronomía a la autonomía morales.

Estos conceptos se los debemos a Kant, quien definía como heterónomo el proyecto de vida moral del individuo que recibe sus normas de conducta de otros y las acepta sin más. En cambio, autónomo es la posición contraria: el individuo se sabe libre y quiere ser dueño de su libertad. Por tanto, autónomo significa que se da a sí mismo la ley moral, mientras que heterónomo es quien la recibe de otro.

Ahora bien, no hay que confundir la autonomía con la arbitrariedad: darse a sí mismo la ley moral no significa hacer siempre lo que te venga en gana, porque la autonomía moral de la persona exige de esta la suficiente reflexión sobre sus normas, sus valores y sus conductas para hacerlas compatibles con las de los demás, desplegando así un proyecto de vida moral basado en la prudencia, la justicia, la honestidad, el respeto y la solidaridad.

Ser moralmente autónomo significa ser libre y racional en sociedad. Por eso, la heteronomía no es un proyecto de vida moral adecuado, ya que pone en entredicho la racionalidad y la libertad del individuo, manteniéndolo en la «minoría de edad» e impidiendo el libre desarrollo de su personalidad.

Según Kant, la «minoría de edad» estriba en la incapacidad de servirse del propio entendimiento sin la dirección de otro. Nada tiene que ver con la edad física del individuo.

El responsable de permanecer en esta «minoría de edad» es el propio individuo, que por falta de decisión, de ánimo y de esfuerzo se siente cómodo dependiendo de otros, dejando que los demás le digan cómo tiene que pensar y qué tiene que hacer. Para salir de la minoría de edad resulta imprescindible —dice Kant— «¡Atreverse a saber!».

Muchas personas permanecen toda su vida en una «minoría de edad» moral, sometidas a las normas de comportamiento que otros deciden por ellos.

Comprende, piensa, investiga...

1 Explica la diferencia entre pertenencia a un grupo y participación en él.

2 Debatid en clase si es posible pertenecer libremente a determinados grupos: religiones, partidos políticos, equipos deportivos, un club de lectores, una orquesta, etc.

3 Define «autonomía moral» y «heteronomía moral».

4 ¿En qué consiste «ser menor de edad»? ¿Tiene algo que ver este concepto ético con el jurídico?

3 El control de la personalidad

3.1 El adolescente: «la forja de un rebelde»

El adolescente busca afirmarse como persona. Para ello, tendrá que aprender a manejar su razón y a equilibrar la fuerza de su libertad.

La adolescencia es un período crítico en el proceso de construcción de la personalidad: se está abandonando la etapa infantil y, a la vez, se está abriendo la puerta de la edad adulta.

Es una región inestable, en la que el individuo vive a diario convulsiones orgánicas (su cuerpo está cambiando, descubre su sexualidad y la de los demás), emocionales (descubre el poder de las pasiones y la vitalidad de los sentimientos: ama y odia con ardor, ríe y llora con estrépito...) y cognitivas (está desarrollando su inteligencia).

Por encima de todo, el adolescente desea expresar su libertad y para lograrlo utiliza distintos medios de expresión, desde la rebeldía en sus conductas (el adolescente parece enfrentado a todos y a todo), pasando por la puesta en práctica de actividades arriesgadas y singulares, hasta llegar a consolidar proyectos creativos en terrenos como las disciplinas artísticas y las materias científicas: algunos adolescentes hacen de las matemáticas su vida, lo mismo que otros dibujan con calidad, o bien se convierten en habilidosos futbolistas o excelentes tenistas.

La libertad del adolescente se expresa de formas muy diferentes, a través de un comportamiento rebelde o también mostrando su creatividad en actividades artísticas o científicas.

En la adolescencia, el individuo busca razones para mantener las normas que ha aprendido, o bien para edificar su conducta a partir de otras nuevas que pueda considerar como propias. Se está pasando de una etapa estrictamente conformista a otra eminentemente inconformista. El adolescente se pregunta: ¿por qué he de seguir obedeciendo a mis padres?, ¿para qué seguir aprendiendo?, ¿por qué amo a tal o cual persona?, ¿por qué considero buenos estos valores y no otros?...

Ante estas preguntas, el adolescente tiene que tomar decisiones y, de ese modo, irá construyendo su personalidad, porque lo que está en juego en todo caso es «la forja de un rebelde»: la configuración de una personalidad autónoma, esto es, de una personalidad bajo control propio.

3.2 La inteligencia emocional

El control de la personalidad requiere ser inteligentes. La inteligencia es la capacidad para gobernar de manera conveniente la conducta, utilizando información, aprendiendo rápidamente y resolviendo problemas nuevos.

Pero la inteligencia, entendida como la facultad que guía nuestro comportamiento, no queda reducida al ámbito de la razón, sino que ha de contar también con el «corazón». En la inteligencia no solo hay sitio para los argumentos, sino también para las emociones. Tan importantes son unos como otras. Al dominio de las emociones para lograr un desarrollo efectivo de la personalidad, Daniel Goleman lo denominó «inteligencia emocional».

Lo importante, como ya sabía Aristóteles —y en ello insiste también Goleman—, es aprender a gobernar de manera inteligente nuestra vida emocional. Puesto que las emociones pueden asaltarnos con independencia de nuestra voluntad, lo mejor que podemos hacer es tratar de reconducirlas, controlarlas, imprimiendo sobre ellas las virtudes éticas. En eso consiste, precisamente, la inteligencia emocional.

Según Aritóteles, si somos temerarios, debemos intentar reducir el riesgo aplicando la virtud de la prudencia. Si, por el contrario, somos demasiado cobardes, esa prudencia también será de ayuda, ya que la virtud es un término medio entre los extremos viciosos.

En resumen, si somos inteligentes emocionalmente, viviremos mejor y haremos más felices a quienes nos rodean.

Comprende, piensa, investiga...

1 ¿En qué consiste la inteligencia emocional?

2 Existen cuatro temperamentos básicos: tímido, abierto, optimista y melancólico. ¿En cuál de ellos te incluirías? ¿Cómo aplicarías la inteligencia emocional para «atemperar» tu temperamento?

3 **Analizar.** Tú eres, precisamente, un adolescente. Analiza tu comportamiento y tus emociones, y piensa si te encuentras en este proceso de cambio. ¿Eres rebelde? ¿Eres emocionalmente inteligente?

Mediante la inteligencia emocional alcanzamos el control de nuestras emociones, para lograr un desarrollo efectivo de nuestra personalidad.

4 La conquista de la autonomía

4.1 Tener personalidad

En ocasiones, se escucha la sentencia: «Fulanito no tiene personalidad». Esto es imposible. Si somos personas, tenemos personalidad. Lo que se pretende indicar con esa frase es que hay personas que no han conseguido desarrollar convenientemente su personalidad; es decir, que aún permanecen —como diría Kant— en la «minoría de edad».

Entonces, ¿cuándo y cómo se produce un buen desarrollo de la personalidad? Cuando se pasa de la heteronomía a la autonomía morales; es decir, cuando se consigue la madurez moral ajustándose a valores buenos y positivos para uno mismo y, a la vez, para la sociedad. Ahora bien, ¿cómo se desarrolla este proceso de madurez o autonomía moral?

4.2 Etapas de desarrollo moral de la persona

Los seres humanos no venimos al mundo con manual de instrucciones. Nos vemos obligados a aprender cómo comportarnos. Este proceso le servirá a la persona para configurar su integración en la sociedad desarrollando su propia personalidad. Dicho aprendizaje, según el psicólogo Jean Piaget, se concreta en dos fases:

a) La fase heterónoma: el niño recibe de los adultos las reglas que debe seguir, las cuales adquieren para él un carácter coercitivo; es decir, si las transgrede, será castigado. Así, el niño aprende que lo bueno no vale por sí mismo, sino que solamente consiste en la ausencia de castigo o sanción.

En la fase heterónoma del desarrollo de su personalidad, el niño acepta de los adultos las reglas que ha de obedecer y recibe un castigo si las incumple.

b) La fase autónoma: a partir de los diez años aproximadamente, el niño comienza a hacer suyas esas reglas, las interioriza y piensa que son fruto no de la imposición de los adultos, sino de la cooperación entre iguales y del respeto y la tolerancia. Así, lo bueno es lo justo.

La conclusión de Piaget es que las normas basadas únicamente en la autoridad producen heteronomía moral, mientras que las basadas en la cooperación conducen a la autonomía moral.

Pero otro psicólogo de la personalidad, L. Kohlberg, insatisfecho con la clasificación de Piaget, distinguió tres niveles distribuidos en seis estadios (que dejaremos aquí sin detallar):

a) Nivel preconvencional: la persona que se encuentra en este nivel solo atiende a sus propios intereses y juzga como bueno aquello que únicamente le conviene a él. Cumple las normas solo para evitar castigos y beneficiarse.

   Según Kohlberg, en este nivel, propio de los niños muy pequeños, permanecen toda su vida muchas personas, que son inmaduras.

b) Nivel convencional: la persona situada en este nivel es capaz de atender a otros intereses además de los suyos, pero seguirá juzgando lo bueno y respetando las normas morales desde una posición también inmadura, impersonal. Juzgará que lo bueno es lo que dicta la sociedad en la que vive. Se conformará con los principios del orden establecido y no tolerará al diferente.

   Para Kohlberg, este nivel también supone falta de madurez y muchas personas se quedarán toda su vida en él.

c) Nivel postconvencional: este es el nivel donde se encuentra, finalmente, una personalidad buena, autónoma y cooperativa. La persona entiende que no pueden importar solo sus intereses ni los del orden establecido, sino los que puedan ser válidos para toda la humanidad.

   A este nivel, según Kohlberg, solo llegarán unos pocos individuos.

Las teorías de la personalidad de Piaget y Kohlberg coinciden en que no todas las personas logran un pleno desarrollo de su personalidad, quedándose algunas estancadas en etapas propias de la infancia y la adolescencia. En definitiva, que no todos logran ser autónomos moralmente o —como decía Kant mucho antes que estos psicólogos— permanecen en la «minoría de edad».

A partir de los diez años, los niños y las niñas comienzan a desarrollar su autonomía moral, a interiorizar las normas y a cooperar entre iguales.

Comprende, piensa, investiga...

1 ¿De qué manera están relacionados los conceptos de personalidad y de autonomía?

2 Señala las etapas en la configuración de la personalidad según Piaget y Kohlberg. ¿En qué se parecen esos procesos? ¿Cuál es su objetivo?

3 Como si fueras a escribir una obra de teatro, describe a tres personajes que se encuentren cada uno en uno de los niveles que establece Kohlberg.

Aplica tus competencias

Agüimes, Gran Canaria. Clima benigno. Ambiente vacacional. Población: aproximadamente 22 000 habitantes, de los cuales más de 4 000 tienen menos de 16 años.

En esta localidad canaria, muchos jóvenes se reúnen a diario hasta altas horas de la madrugada provocando mucho ruido y molestando a los vecinos. Relacionado con esta costumbre, el porcentaje de absentismo escolar entre los adolescentes es muy elevado.

¿Y si tú fueras un padre o el alcalde?

El alcalde de Agüimes emitió en 2001 una ordenanza municipal, con el apoyo mayoritario de los concejales, por la que los menores de 16 años deben estar a las once de la noche en casa durante los días lectivos y a las doce los fines de semana, incluso en verano.

El alcalde dice que «no pretende coartar la libertad», sino evitar un uso «perverso» de ella. Y explica el motivo de la medida: «Un niño que tiene que estar en el colegio a las ocho de la mañana no puede estar en la calle a la una de la madrugada, porque entonces no rinde».

La ordenanza contempla, además, la prohibición absoluta de publicidad con marcas de alcohol o de tabaco en cualquier acto.

La iniciativa del alcalde ha recibido el apoyo de la mayoría de los vecinos con hijos en esas edades: «Para mantenerlos alejados del vicio», opinan algunos. La política social del alcalde de Agüimes ha sido calificada de loable por los fiscales de menores de Canarias y por la Dirección General de Drogodependencias.

Sin embargo, algunos abogados opinan que puede ser anticonstitucional, contraria a la ley, y que podría constituir un delito por coacción.

Comprende el texto y exprésate

1 Valorar. ¿Qué harías si fueras el alcalde de esa localidad? ¿Y si fueras padre o madre de uno de esos adolescentes?

2 Valorar. Ahora, imagina que eres abogado y opinas que la medida es anticonstitucional, pero tienes un hijo que frecuentemente está hasta altas horas de la madrugada en la calle. ¿Qué harías?

3 Justificar. Expresa tu opinión sobre la medida aprobada por el alcalde. ¿La crees justa? ¿Y justificada? ¿Puede evitar ciertos conflictos que provocan algunos jóvenes durante los fines de semana? ¿Crees necesario castigar a todo un colectivo por la acción de solo unos pocos de sus miembros?

Busca información y analízala

4 Elaborad un reportaje periodístico sobre la arraigada costumbre del «botellón» entre los jóvenes menores de 16 años, haciendo hincapié en las razones por las que se divierten de ese modo y en las consecuencias negativas que tiene para su salud, para la convivencia familiar y para su rendimiento académico.

Debatid sobre vuestras preocupaciones

5 Debatid sobre estos asuntos en clase argumentando y buscando alternativas tanto a las propuestas del alcalde como a las consecuencias negativas que acarrea el «botellón».

Los valores en la historia

Hannah Arendt y la autonomía personal

Hannah Arendt nació en 1906 en Hannover, en el seno de una familia judía, y murió en Nueva York en 1975. Fue filósofa y la mayoría de sus obras están dedicadas a cuestiones de ética y de filosofía política.

Adquirió fama a raíz de su reportaje periodístico sobre el proceso judicial contra Adolf Eichmann, celebrado en Jerusalén en 1961. Eichmann, teniente coronel de las SS, fue el responsable de la organización del transporte de los deportados a los campos de concentración nazis.

Arendt tuvo que huir de Alemania por su condición de judía. El régimen nazi le retiró la nacionalidad alemana en 1937 y fue apátrida hasta que se nacionalizó norteamericana en 1951. Precisamente en Estados Unidos impartió docencia y trabajó para el periódico *The New Yorker.*

Durante toda su vida demostró una personalidad autónoma, enfrentada a los tradicionalismos culturales de su época. Convivió en pareja antes de casarse, algo que en aquella época no estaba bien visto; mantuvo una relación amorosa con uno de sus profesores en la Universidad, el filósofo Martin Heidegger, que estaba casado, y que más tarde sería acusado de nazi (de hecho militó durante algún tiempo en el partido nazi), y se enfrentó a algunos grupos sionistas radicales por sus acciones violentas.

Políticamente no era ni del todo liberal, ni completamente marxista y ni siquiera totalmente sionista. Siempre intentó mantenerse independiente con respecto al poder, frente al que situaba la condición de ciudadanía. Definía esta como «el derecho a tener derechos».

Un buen retrato de esta pensadora y de su labor en el juicio contra Eichmann es la película titulada *Hannah Arendt* (2012), de la cineasta germana Margarethe von Trotta.

emprender aprender

Publicamos una revista cultural

Una de las mejores formas de expresar la personalidad es a través del arte. Mediante las creaciones artísticas mostramos a los demás lo que pensamos, lo que sentimos, nuestra forma de ver el mundo...

Las formas artísticas son infinitas y seguro que entre vosotros hay muchas personas que tienen talentos que en muchos casos desconocéis. La música, la escultura, el dibujo, la poesía, el grafiti..., os enseñarán a conoceros mejor y a apreciaros más. Si escogéis un formato digital, os permitirá dar a conocer una gran variedad de formas de expresión.

Para empezar, redactad un «Manifiesto» en el que expongáis vuestros objetivos. Tras revisarlo y corregirlo entre todos, publicadlo en la primera plana del número 1 de la revista.

¡Qué caña!

Trabajando en grupos, organizaos para elaborar una revista cultural y publicarla distribuyéndola en el centro escolar:

1) Cread los departamentos necesarios para la edición y la publicación de la revista: diseño gráfico, ilustraciones y publicación digital; selección de temas, documentación y redacción de los artículos; sección de críticas o reseñas de libros, películas, música...; sección de entrevistas y departamento de publicidad.
2) Buscad información sobre los temas culturales que os interesan.
3) Fijad una fecha de cierre y publicación.
4) Finalmente, solicitad permiso al director de vuestro centro escolar para distribuir la revista en el centro.

7

Individuo y sociedad

Seres individuales y sociales

Aunque cada uno de nosotros somos seres individuales, formamos una especie biológica y vivimos en sociedades con una cultura y unos comportamientos morales.

Comunidades y sociedades son formas complementarias de la sociabilidad humana. Aunque no se excluyen, en las primeras predominan los vínculos afectivos; las segundas son más impersonales y racionales.

La socialización es un influjo recíproco entre el individuo y la sociedad, por el que el primero interioriza las pautas de comportamiento social y trata de adaptarse a ellas.

En el proceso de socialización hay algunos riesgos: el individualismo del que solo actúa por propio interés y el gregarismo, que es la pérdida de la personalidad individual en el grupo anulando nuestra capacidad de decidir.

La amistad implica un equilibrio ideal entre el individuo y los otros. Constituye un valor esencial de la vida humana. La verdadera amistad consiste en compartir, no en ser cómplice.

En esta unidad vas a estudiar

1 El carácter social de los individuos humanos.

2 El proceso de socialización por el que pasamos a formar parte de una comunidad y de una sociedad.

3 Algunos riesgos de la socialización.

4 La amistad como modelo de relación humana.

Reflexionamos

Tenemos que seguir unidos

Ninguno de los dos nos habíamos dado cuenta de cómo le estaba sentando a Soda oírnos pelear. Me sentía enfermo y frío de vergüenza. Lo que dijo era verdad. Darry y yo jugábamos a tirar de la cuerda con él, sin pensar nunca en el daño que eso le hacía. [...]

—Lo que quiero decir es que no puedo tomar partido. Sería mucho más sencillo si pudiera, pero es que veo los dos puntos de vista. Darry grita demasiado y lo intenta todo con demasiado ahínco y se lo toma todo demasiado en serio, y Ponyboy, tú no piensas las cosas, no te das cuenta de todo lo que Darry ha dejado nada más que para darte la oportunidad que él perdió. Podría haberte dejado en cualquier orfelinato y haberse abierto camino en la universidad. Ponyboy, te estoy diciendo la verdad tal cual es. Yo dejé el instituto porque no sirvo. En serio que lo intenté, pero ya viste mis notas. Mira, yo soy feliz trabajando en una gasolinera con coches. Tú nunca serías feliz haciendo algo parecido. Y Darry, tú tendrías que intentar comprenderle más y dejar de fastidiarle con cada error que comete. Él siente las cosas de distinta manera que tú —nos echó a los dos una mirada suplicante—. Bastante difícil es tener que oíros, pero cuando además me forzáis a tomar partido... —le asomaron lágrimas en los ojos—. Somos todo lo que nos queda. Tenemos que ser capaces de seguir unidos, pase lo que pase. Si no nos tenemos unos a otros, no tenemos nada. Si no tienes nada, acabas como Dallas... y no quiero decir muerto. Quiero decir como era antes. Y eso es peor que estar muerto. Por favor —se secó los ojos con el brazo— no peleéis más.

De repente me di cuenta de que Darry solo tenía veinte años, de que no era tan viejo como para no sentir el miedo o el dolor, o el estar perdido, igual que todos nosotros. Vi que había esperado que Darry lo entendiera todo sin intentar siquiera entenderle yo por mi parte. Y él había abandonado un montón de cosas por mí y por Soda.

Susan E. Hinton, *Rebeldes*, Salvat, Alfaguara. (Adaptación).

Dialogamos

1 ¿De qué tipo de comunidad crees que se habla en este texto y por qué características la identificas?

2 Debatid en clase sobre las bandas de adolescentes: ¿por qué se forman? ¿Qué se busca en ellas? ¿Son beneficiosas o perjudiciales?

1 Somos individuos

1.1 Definición de individuo

La palabra «individuo» proviene del latín *individuum,* y se dice de aquello que si lo dividimos deja de ser lo que es. Es, por tanto, algo indivisible. Tampoco se multiplica para dar lugar a otros individuos idénticos.

En un sentido muy general, todas las cosas que ves y que tocas son individuales. Los pupitres de clase son iguales de forma, de color, de peso, etc., sin embargo, siguen siendo cosas individuales, aunque solo sea porque se han hecho con una cantidad distinta de materiales (madera, plásticos y metales). Sin embargo, el color, el peso o la altura no son individuos, porque son idénticos, aunque podamos encontrarlos en muchos seres diferentes.

1.2 Los seres humanos como individuos

Desde el punto de vista biológico, un individuo es un miembro particular y diferenciado de una especie. Esto parece más fácil de admitir si hablamos de los seres humanos: cada uno de tus amigos y amigas, de tus compañeros y compañeras, de tus familiares y de tus conocidos son individuos.

Aunque todos estamos compuestos de células, de moléculas y de órganos semejantes, ninguno de nosotros es idéntico a ningún compañero o compañera de clase, ni de nuestra ciudad, ni del mundo.

En tanto que individuos, todos los seres son diferentes unos de otros, aunque estén hechos de la misma materia.

En el lenguaje corriente, usamos la expresión «ese individuo» cuando desconocemos el nombre y los apellidos de una persona, que son algo que puede identificarnos de manera casi exclusiva, como el DNI.

La policía piensa en esa perfecta individualidad cuando toma las huellas digitales a alguien para descubrir y reconocer al autor de un delito o cuando nos lee el iris de los ojos para identificarnos, ya que esos datos son exclusivos de cada uno. No puede haber confusión, puesto que cada individuo tiene unas huellas digitales y un iris distintos. Ni siquiera son iguales en los hermanos gemelos.

1.3 Vivimos en sociedad

Pero los individuos, ya sean vegetales, animales o humanos, pertenecen a una especie determinada. Esto significa que tienen en común características que los diferencian de las demás especies. Por eso se pueden relacionar, e incluso reproducir, entre ellos. Esas relaciones son el fundamento de la unión entre los individuos para formar los distintos tipos de agrupamientos o sociedades.

Como estudiamos en la primera unidad, en los seres humanos esas características comunes no solo son biológicas (genéticas y fisiológicas), sino que también son de «otro tipo»: están relacionadas con la conducta inteligente, que en el ser humano se observa en el uso del lenguaje y en que organiza su vida con normas que él mismo se impone.

Las sociedades humanas son diferentes a los agrupamientos de otros animales, como los rebaños, las manadas o las colmenas. Estos se forman para proteger de las amenazas a los individuos que prolongarán la vida de la especie: defendiéndose de los depredadores, procurándose alimento, etc.

Aunque la sociedad humana también cuenta entre sus fines la conservación de la especie, lo que la diferencia de las demás es que permite el progreso moral de los individuos, su realización como personas. Una muestra de ello es que, incluso en las formas más primitivas de la sociedad humana, parece que se cuidaba a los ancianos y a los enfermos, a pesar de haber perdido su función biológica o reproductiva.

La sociedad humana no solo es una realidad biológica sino también, y con más motivo, una realidad que se rige por criterios y leyes morales.

Aunque todos somos individuos diferentes, los seres humanos vivimos en sociedad y nos organizamos de acuerdo con unos criterios y unas normas morales.

Comprende, piensa, investiga...

1. Haz una lista con los rasgos individuales, sean físicos o modos de ser y de comportarse, que distinguen a personas que conozcas.
2. Explica qué entiendes cuando un profesor o profesora dice en clase: «Para mí los alumnos no son meros números». ¿Tiene que ver esto con lo que has leído sobre los individuos?
3. Cita al menos tres características en las que se diferencian un hormiguero o un rebaño de ovejas de una sociedad humana.

2 La sociedad

2.1 Comunidad y sociedad

Las formas que tiene el ser humano de unirse y de relacionarse con otros semejantes son muy variadas. Algunas son muy cercanas a los individuos, ya que nos unimos con los otros por lazos afectivos, formando «comunidades». El ejemplo más claro es la familia. En ella recibimos los primeros cuidados, la protección y el cariño que nos permitirán desarrollarnos para ser adultos. Y sentimos que formamos parte de ella. Lo mismo sucede con nuestra pandilla o grupo de amigos y amigas.

Otras relaciones son más impersonales o racionales, motivadas por intereses comunes: nos unimos con gente que ni siquiera conocemos y formamos una «sociedad». Vivimos en un país con unas leyes que determinan nuestra vida individual y sobre las que seguramente no se nos ha consultado.

Comunidades y sociedades no se excluyen mutuamente, porque ambas son formas de la natural sociabilidad humana.

Habitualmente, los seres humanos aprendemos las habilidades más duraderas y básicas de la vida social (como el lenguaje, las normas sociales, las costumbres y lo que está bien o mal) en la comunidad familiar y en nuestro entorno más cercano. A medida que vamos creciendo y desarrollando nuestra propia personalidad, hacemos una revisión de lo aprendido en la comunidad, conservando unas cosas y rechazando otras.

Entonces, salimos de ese entorno más reducido y accedemos a un contexto social más amplio, como puede ser la ciudad. En las grandes ciudades, el individuo lleva una vida más independiente, por ser anónima y porque en ella no se siente controlado, pero también más solitaria.

Una de las comunidades en las que se organizan los individuos humanos es la familia, en la que reciben los cuidados, la protección y el cariño necesarios para llegar a ser adultos.

2.2 La socialización

Has comenzado un nuevo curso y una etapa diferente: la Educación Secundaria. Seguro que tienes profesores y profesoras diferentes y, probablemente, compañeros y compañeras distintos. Los horarios, las normas del centro y la organización también varían con respecto al curso pasado. Casi todo es nuevo para ti en este año.

Primero tienes que aceptar los cambios: conocer a los nuevos compañeros y profesores, las reglas del centro, modificar tus horarios de comida, de descanso, de trabajo, etc. Y te tienes que adaptar. Estás dando un paso en tu socialización.

La socialización es un influjo recíproco entre el individuo y la sociedad, un proceso cuyo resultado, desde el punto de vista del individuo, consiste en interiorizar las pautas comunes de comportamiento y tratar de adaptarse a ellas.

Realmente, la vida de los seres humanos suele ser un constante proceso de socialización. Comienza con la infancia y ni siquiera termina con la vejez.

Los emigrantes que viven en una cultura diferente, el empresario de éxito que se arruina o el trabajador que pasa de una ocupación a otra, todos tienen que volver, como tú, a socializarse.

A través de la socialización, la cultura, los conocimientos y las técnicas se van transmitiendo de una generación a otra. Los individuos desarrollan sus capacidades y las habilidades necesarias para participar en la vida comunitaria, y se amoldan a las formas de comportamiento organizado características de su sociedad.

Si ese proceso fracasa, los individuos quedan marginados. Y si el fracaso es global, entonces las sociedades enteras decaen.

La socialización del individuo se suele dividir en tres etapas:

1) Socialización primaria: tiene lugar durante la infancia en la familia.
2) Socialización secundaria: se produce durante la adolescencia y primera juventud, en el grupo de amistades, en el centro escolar, etc.
3) Socialización terciaria: sucede en la edad adulta y en ella se puede revisar todo el proceso realizado hasta entonces.

La socialización secundaria tiene lugar durante la adolescencia, en las relaciones con el grupo de amigos y en el centro escolar.

Comprende, piensa, investiga...

1 ¿Qué diferencias y qué semejanzas encuentras entre una comunidad como tu familia y una sociedad como tu país?

2 **Evaluar.** En las grandes ciudades, los individuos pueden tener una vida totalmente anónima. ¿Qué aspectos beneficiosos y qué aspectos perjudiciales aprecias en esta situación?

3 Explica qué es la socialización y señala cuál es su importancia.

4 Dibuja en tu cuaderno una tabla con tres filas y tres columnas: en la primera columna anota los nombres de las etapas de socialización; en la segunda, indica cuándo tiene lugar cada una y, en la tercera, anota sus características.

3 Algunos riesgos de la socialización

La socialización sitúa a un individuo en un grupo, lo que unas veces genera que haya intereses comunes, y otras, enfrentados. Esto supone conflictos y, en algunos casos, riesgos de provocar posturas perjudiciales, como son el individualismo y el gregarismo.

3.1 Individualismo

Alguna vez has podido oír un comentario similar a los siguientes sobre un deportista de un equipo: «Es muy habilidoso, pero está en el banquillo por ser tan individualista» o, simplemente, «Es un jugador muy individualista».

Cuando hablamos así, por lo general, nos referimos al individualismo en un sentido moral. Se trata de una crítica que hacemos a quien actúa sin tener en cuenta los intereses y las opiniones de los demás, ni las normas que regulan sus relaciones de grupo.

El individualista solo se relaciona para obtener provecho propio: únicamente colabora con los demás si le conviene y, cuando lo hace, trata de imponer su opinión a todos los componentes del grupo. Las relaciones que no contribuyan a ese fin le dejan indiferente. Los otros son solo un medio o un recurso para beneficiarse. Piensa únicamente en sí mismo y se comporta de forma egoísta.

Normalmente, las personas individualistas tienen una visión distorsionada de la realidad, pues se creen superiores a los demás y piensan que no los necesitan.

Las personas demasiado individualistas solo tienen en cuenta sus propios intereses, se creen superiores a los demás y piensan que no los necesitan.

3.2 Gregarismo

En el extremo opuesto se encuentra el gregarismo. En los rebaños y manadas de animales (por ejemplo de leones, lobos o ciervos) hay una jerarquía basada en la fuerza y en la vitalidad. El león más poderoso se impone a los otros y se hace con el control sobre toda la manada, se convierte en el macho dominante y el resto le obedece incondicionalmente, hasta que sus fuerzas comienzan a decaer y es expulsado por otro macho más fuerte y vigoroso.

Este tipo de comportamiento, que es mucho más acusado entre algunos insectos y peces, se denomina gregarismo. En él, la individualidad de cada uno queda suprimida.

A veces también se dan manifestaciones de una conducta similar en grandes grupos humanos, como ocurrió en Alemania bajo el poder de Hitler o en la actual Corea del Norte. En otras ocasiones, podemos verlo en colectivos más pequeños: como cuando en un grupo de amigos o de compañeros hay uno que impone siempre su voluntad, que dice lo que se hace y lo que no, que siempre se sale con la suya y al que todos siguen u obedecen sin rechistar. En este caso, también estamos hablando de un comportamiento gregario.

El gregarismo anula la libertad moral del individuo, que se siente incapaz de decir «no», de negarse a seguir una orden que va contra su conciencia moral, contra sus normas de comportamiento o, sencillamente, contra su parecer.

El gregarismo es dañino, sobre todo, cuando el líder nos propone hacer algo que no está bien, algo inmoral, como acosar a un compañero, incumplir nuestros deberes o consumir sustancias nocivas para nuestra salud. Esto ocurre, frecuentemente, bajo la amenaza de acusarnos de cobardes, de débiles o de expulsarnos del grupo.

Pero incluso cuando no nos proponen nada malo, el gregarismo es peligroso, porque anula la capacidad de decidir por nuestra cuenta, de discutir aquello con lo que no estamos de acuerdo y de rechazarlo.

Muchos animales, como los leones, manifiestan un comportamiento gregario, de total sometimiento al líder de la manada.

Comprende, piensa, investiga...

1 **Justificar.** Si fueras entrenador o entrenadora de un equipo, ¿alinearías a un jugador que sabes que es bueno pero muy individualista? Explica tu respuesta.

2 **Calificar.** Teniendo en cuenta lo que has estudiado en esta unidad, ¿cómo calificarías la conducta de una persona maleducada o de un adolescente desobediente?

3 Si es en la familia donde aprendemos a comportarnos siguiendo unas normas, ¿por qué hay hermanos que tienen un comportamiento tan distinto unos de otros?

4 Busca información y describe el comportamiento gregario de alguna especie animal que viva en grupo.

4 Tus amigos y tú

4.1 Tu personalidad

¿Cuál es, entonces, el comportamiento más acertado frente al individualismo y al gregarismo?

En las cuestiones morales, aquellas que afectan a la orientación de nuestra vida, las soluciones las tiene que buscar cada uno atendiendo a su situación personal, pero, como veremos más adelante, la ética proporciona unas pautas generales que nos sirven de guía para encontrar nuestro propio camino.

Nuestra naturaleza humana nos ha hecho individuos, pero individuos sociales. Por tanto, estamos abiertos a otros, unidos y relacionados con nuestros semejantes por lazos biológicos, afectivos y culturales o por intereses económicos y políticos.

En cuanto sociales, somos elementos de un conjunto, pero en cuanto individuos tenemos vida propia, somos independientes y autónomos con respecto a ese todo.

El individualismo descrito anteriormente es perjudicial, pero existen otras posibilidades: no se puede llamar individualista a alguien simplemente porque no actúa como lo hace la gran mayoría.

Piensa, por ejemplo, en la persona que denuncia una injusticia cuando los demás no se atreven y se callan, asumiendo el riesgo de perder la estima de los otros; o en quien se levanta de su asiento en el autobús o en el metro para dejar el sitio a un anciano o a una mujer embarazada, mientras los demás fingen no darse cuenta; o en el que no sigue la moda en su manera de vestir porque tiene sus propios gustos.

A esas formas de actuar nadie las calificaría como individualistas, aunque las realice un individuo solo. Son expresiones de lo que podríamos llamar «seguir nuestra conciencia individual», esa conciencia que se basa en un profundo sentimiento de la dignidad personal, la independencia de criterio y la propia responsabilidad.

Cuando los individuos actúan de ese modo, decimos que tienen personalidad. No tratan de imponer o dominar, ni tampoco de enfrentarse al grupo o a la sociedad buscando su propio beneficio en forma de prestigio personal, de fama o por simple exhibicionismo, sino que, sin ni siquiera proponérselo, al seguir a su conciencia, hacen mejores a su grupo y a su sociedad.

Frecuentemente, colaboramos con la sociedad, asumiendo sus normas y generando un beneficio mutuo. Por ejemplo, trabajamos a cambio de un salario, producimos bienes que favorecen al colectivo y, al mismo tiempo, conseguimos un sueldo.

Pero a veces la relación es más conflictiva, lo que no siempre quiere decir que actuemos mal: cuando exigimos nuestros derechos también interactuamos con la sociedad, de una manera menos agradable, pero igualmente positiva.

Una personalidad firme y correcta nos ayuda a saber cuándo debemos colaborar y cuándo hemos de negarnos.

Cada individuo humano, aunque viva en sociedad y acepte sus normas, tiene su propia personalidad, unas características específicas que lo distinguen de los otros.

4.2 La amistad

La amistad es el tipo de relación personal más positiva que podemos establecer entre los individuos, y constituye un valor esencial en la vida humana. Aristóteles, en *Ética a Nicómaco,* decía:

> «Sin amigos nadie querría vivir, aun cuando poseyera todos los demás bienes; hasta los ricos y los que tienen cargos y poder parecen tener necesidad sobre todo de amigos; porque ¿de qué sirve esa clase de prosperidad si se le priva de la facultad de hacer bien, que se ejerce preferentemente y del modo más laudable respecto de los amigos?».

Las amistades surgen frecuentemente a partir de relaciones por interés, por utilidad o por gusto. Pero lo que suele entenderse por amistad consiste en que las personas encuentren auténtica satisfacción en buscar recíproca y desinteresadamente el bien del amigo. Esta amistad suele ser más duradera que la que se establece por otros motivos.

En la amistad no hay gregarismo, no se pierde la independencia individual, se tiene autonomía para decir al amigo lo que creemos que está mal o lo que es mejor. La verdadera amistad es compartir, no ser cómplice.

La amistad consiste en la relación en la que se busca recíproca y desinteresadamente el bien del amigo o la amiga.

Comprende, piensa, investiga...

1 Pon ejemplos de acciones que indiquen que el individuo que las realiza tiene personalidad.

2 **Calificar.** ¿Cómo quieres que se porten contigo tus amigos y tus amigas? Califica de uno a diez los comportamientos o las actitudes que has señalado según la importancia que les des.

3 Señala qué le faltaría a la siguiente relación para ser una verdadera amistad:

Imagina el caso de dos ladrones que roban juntos. Se entienden y confían el uno en el otro. Pero uno de ellos, cuando es detenido por la policía, delata al otro y le culpa de planear los atracos.

Taller de valores

Aplica tus competencias

Las sociedades humanas son muy diversas, incluso las que aparentemente son semejantes. Las normas, las costumbres, las formas de relacionarse... son distintas.

Los individuos que viven en ellas se adaptan a esas peculiaridades a medida que crecen y asimilan dichos valores en el proceso de socialización.

Los peligros del comportamiento gregario

Con el ascenso al poder del régimen nazi en Alemania en el año 1933, la presión sobre los ciudadanos se volvió asfixiante para tratar de imponer un control absoluto sobre todos los aspectos de su vida.

Se abolieron los partidos políticos, que fueron sustituidos por un partido único, el NSDAP, el partido nazi, y se organizaron grandes actos de propaganda para atraer a todos los alemanes a su filas.

Todas las instituciones fueron ocupadas por miembros afines al partido y las principales empresas estaban al servicio de las necesidades del régimen.

Para forzar a los pocos disidentes que quedaban, la policía política, las SS y la Gestapo, reprimían cualquier tipo de opinión contraria al nazismo.

Las Juventudes Hitlerianas

La reeducación del pueblo alemán en la ideología nazi tenía que empezar por la juventud. Con este objetivo se crearon las Juventudes Hitlerianas.

En esta organización se fomentaba el ejercicio físico, la vida al aire libre, el compañerismo y se proporcionaba una formación militar básica a todos los jóvenes alemanes.

Pero sobre todo su objetivo era el adoctrinamiento de la juventud en las ideas y los valores nacionalsocialistas.

Durante la guerra, fueron militarizados y enviados al frente, y probaron su fidelidad al *Führer* hasta la batalla final en Berlín.

Nos informamos

1 ¿Has oído hablar alguna vez de Leni Riefenstahl? ¿Cuál fue su profesión? ¿Qué tuvo que ver con el régimen nazi?

2 Los nazis organizaron los Juegos Olímpicos de Berlín en el año 1936. Infórmate de por qué constituyeron un gran triunfo propagandístico para Hitler.

Interpreta una imagen

3 En 1934 y 1938 se celebraron en Nüremberg los más importantes congresos del Partido Nacional Socialista Alemán de los Trabajadores (NSDAP), el partido nazi. Se organizaban grandes concentraciones y movimientos de masas con fines propagandísticos. ¿Qué sensación te transmite la imagen de uno de estos actos?

Opina críticamente

4 **Explicar.** Los alemanes, en mayor o menor medida, colaboraron con el régimen nazi o, al menos, cerraron los ojos ante sus atrocidades. ¿A qué crees que se debió este comportamiento?

5 **Juzgar.** Los campos de concentración se utilizaron inicialmente para enviar a todos los disidentes que se atrevían a oponerse al nacionalsocialismo. ¿Por qué crees que se los perseguía? ¿Cuál era el objetivo final de las autoridades?

Los valores en la historia

La resocialización forzosa

Mustafá Kemal Atatürk es considerado por muchos el fundador de la Turquía moderna. Fue nombrado presidente del país en 1923 y a partir de esa fecha comenzó una serie de reformas que perduran hasta hoy.

En primer lugar, abolió el Califato y convirtió a Turquía en una república laica. Además, impulsó otras transformaciones que obligaron a la población a cambiar sus costumbres: derogó la ley islámica, impuso la vestimenta y el calendario occidentales, sustituyó el alfabeto árabe por el latino, concedió el voto a las mujeres, instituyó el domingo como el día de descanso, prohibió la poligamia, cerró las escuelas religiosas...

emprender aprender

Protegemos la diversidad lingüística

Visitad la página web que la Unesco dedica a las «Lenguas en peligro» e informaos sobre el estado de la diversidad lingüística mundial.

Para debatir en clase, os proponemos dos temas de interés:

1 Considerad si es importante conservar la diversidad lingüística.

2 ¿Qué significa para los hablantes socializarse en una lengua en vez de en otra?

LENGUAS EN PELIGRO

El «Atlas Unesco de las lenguas del mundo en peligro» pretende sensibilizar del problema de las lenguas en peligro de desaparición y de la necesidad de salvaguardar la diversidad lingüística del mundo.

NIVEL DE VITALIDAD	TRANSMISIÓN INTERGENERACIONAL DE LA LENGUA
A salvo.	Todas las generaciones hablan la lengua y su transmisión de una generación a otra es continua.
Vulnerable.	La mayoría de los niños hablan la lengua, pero su uso puede estar restringido a determinados ámbitos (el hogar familiar, por ejemplo).
En peligro.	Los niños ya no la aprenden en sus familias como lengua materna.
Seriamente en peligro.	Solo los abuelos y las personas de las generaciones anteriores hablan la lengua. Los miembros de la generación parental, si bien pueden comprenderla, no la hablan entre sí, ni tampoco con sus hijos.
En situación crítica.	Los únicos hablantes son los abuelos y las personas de las generaciones anteriores, pero solo usan la lengua parcialmente y con escasa frecuencia.
Extinta.	No quedan hablantes.

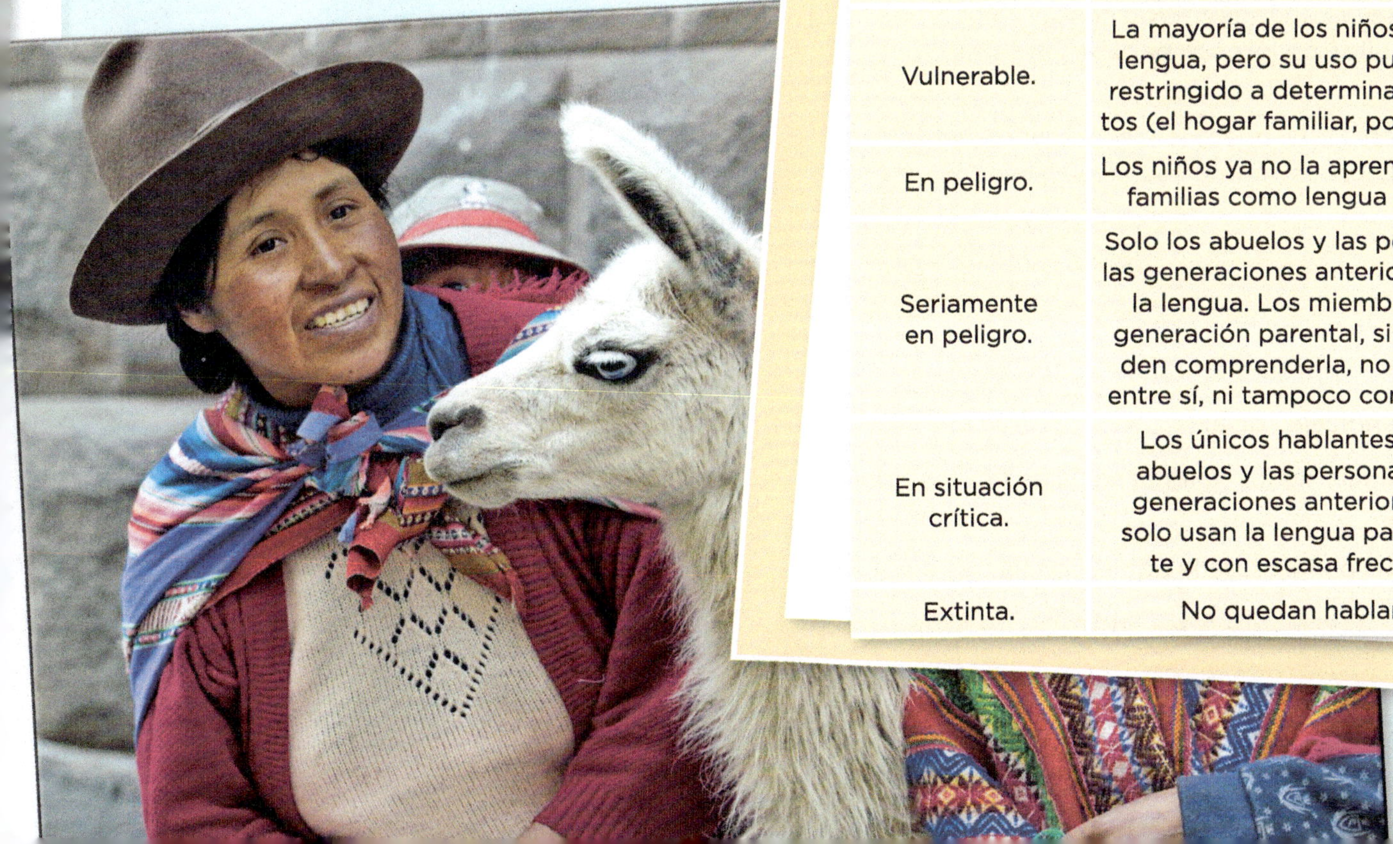

8

La socialización

El proceso de adaptación social

Cuando se estudia la conducta humana, es frecuente distinguir aspectos naturales y culturales. No obstante, la naturaleza lleva a los seres humanos a unirse en sociedad, de manera que naturaleza y cultura no son opuestas.

Además, no siempre es fácil distinguir qué es natural y qué es cultural. En todo caso, no podemos identificar natural con bueno y cultural con malo.

El aprendizaje humano es fundamentalmente social. La educación promueve la adaptación de los individuos a la sociedad.

La vivencia personal respecto de los valores sociales varía con la edad, pudiendo hablarse de un proceso de maduración moral.

La adolescencia es un período especialmente conflictivo en el que el adolescente se siente socialmente perdido. Sus cambios físicos suelen conllevar alteraciones de conducta que pueden resultar peligrosas para él y para los demás.

En la adolescencia aparecen con frecuencia algunos trastornos (como los alimenticios) y adicciones.

En esta unidad vas a estudiar

1 La relación entre naturaleza y cultura.

2 El aprendizaje social.

3 La vivencia de los valores sociales por los adolescentes.

4 Algunos peligros de la adolescencia.

Reflexionamos

Una mirada en el espejo

En mi casa hay un espejo, está detrás de un papel corredero, en el vestíbulo de arriba. Nuestra facción me permite mirarme en él el segundo día de cada tercer mes, el día en que mi madre me corta el pelo. [...]

Cuando termina, me aparta el pelo de la cara y me lo recoge en un moño. Soy consciente de lo tranquila y concentrada que parece, tiene bien aprendido el arte de abstraerse. Ojalá pudiera decirse lo mismo de mí.

Espero a que no preste atención para echar un vistazo furtivo a mi reflejo, no por vanidad, sino por curiosidad. El aspecto de una persona puede cambiar mucho en tres meses. En mi imagen veo un rostro estrecho, ojos redondos y grandes, y una nariz larga y fina... Sigo pareciendo una niña, a pesar de que cumplí los dieciséis en algún momento de los últimos meses. Las otras facciones celebran los cumpleaños, pero nosotros no. Sería un exceso de indulgencia.

—Ya está —dice cuando termina con el moño.

Sus ojos se encuentran con los míos en el espejo y es demasiado tarde para apartar la mirada. Sin embargo, en vez de regañarme, sonríe a nuestra imagen. Frunzo un poquito el ceño: ¿por qué no me reprende por mirarme?

—Bueno, hoy es el día —dice.

—Sí.

—¿Estás nerviosa?

Me quedo un momento mirándome a los ojos en el espejo. Hoy es el día de la prueba de aptitud que me dirá a cuál de las cinco facciones pertenezco. Y mañana, en la Ceremonia de la Elección, me decidiré por una; decidiré el resto de mi vida; decidiré si me quedo con mi familia o la abandono.

—No —respondo—. Las pruebas no tienen por qué cambiar nuestra elección.

Verónica Roth, *Divergente*, RBA.

Dialogamos

1 ¿Hay alguna similitud entre lo que se narra en el comienzo de esta novela y alguno de tus sentimientos recientes?

2 ¿Te parece que los adultos se encuentran en situaciones parecidas a la que se describe en el texto? ¿Por qué?

1 La cultura

1.1 Naturaleza y cultura

La vida de las plantas y la mayor parte de la conducta animal nos parecen asuntos naturales. Simplemente, plantas y animales hacen lo que tienen que hacer. Si algo guía su comportamiento, es lo que los romanos llamaron *natura rerum,* 'la naturaleza de las cosas'.

Lo cierto es que, dado nuestro carácter animal, buena parte de lo que somos y de lo que hacemos tiene esa misma explicación: es la naturaleza la que nos impulsa a alimentarnos o a relacionarnos con otros seres humanos, por ejemplo.

Pero las personas reconocemos en nuestra conducta también otra raíz: la cultura. Comer con palillos o con tenedor, circular en carretera por la derecha o por la izquierda, usar turbante o sombrero... Ninguna de estas acciones es natural, sino cultural. Por eso hay tanta variedad en el comportamiento de los seres humanos entre unos lugares del planeta y otros.

El sustantivo «cultura» y el adjetivo «culto» proceden del latín *cultus,* un adjetivo que se utilizaba para describir el estado en que quedaba un campo cuando estaba cultivado. La comparación del alma humana con un terreno de labranza servía ya entonces como metáfora que diferenciaba a los hombres cultivados (educados mediante aprendizaje y lecturas) de aquellos que permanecían incultos.

A partir de la filosofía moderna, la cultura se entendió, sobre todo, como un rasgo del progreso humano frente a la simple dotación natural.

1.2 Bien y mal, naturaleza y cultura

Pero no todo el mundo considera que la cultura implica un progreso respecto de la naturaleza. Hay muchas personas que, cuando se debate sobre si un comportamiento es adecuado o no, sentencian que se trata de algo natural, pretendiendo que eso implica automáticamente que es positivo, frente a un presunto alejamiento del bien por la influencia de la sociedad, cayendo en lo «antinatural».

Algo así es lo que mantenía el filósofo francés Jean-Jacques Rousseau, quien comienza su obra sobre la educación, *Emilio,* con las siguientes palabras: «Todo es perfecto al salir de manos del hacedor de todas las cosas; todo degenera entre las manos del hombre. [...] Él no quiere nada tal y como lo ha hecho la naturaleza».

Rousseau renegaba de la sociedad de su tiempo y consideraba que todo lo positivo estaba en la naturaleza bondadosa del ser humano, mientras que los males se debían a la perniciosa influencia social.

Lo cierto es que esa actitud resulta demasiado simplificadora y no es evidente que debamos identificar sin más bueno y malo con natural y con cultural, respectivamente.

La cultura tiene aspectos muy positivos, y la naturaleza, otros negativos, de manera que la sociedad actúa en determinados casos como factor corrector, por más que en otros pueda resultar dañina.

Rousseau pensaba que el ser humano es bueno por naturaleza, pero se hace malo porque la sociedad lo corrompe.

Aristóteles, al contrario que Rousseau, piensa que el ser humano necesita vivir en sociedad para alcanzar la felicidad.

1.3 Relación entre naturaleza y cultura

Es importante señalar que la diferencia entre esas dos fuentes de comportamiento no implica necesariamente oposición, sino que puede hablarse incluso de cierta continuidad.

Así, el filósofo griego Aristóteles consideraba que es la misma naturaleza la que nos impulsa en nuestras asociaciones, llegando a crear la sociedad como parte de un proceso absolutamente natural.

Y Kant también pensaba que la naturaleza guía al ser humano hacia la construcción de una sociedad culta y moralizada. En este sentido, igual de naturales serían los panales de las abejas que nuestras complejas sociedades. Desde ese punto de vista, la cultura es algo natural, al menos para nosotros, los seres humanos.

Sea como fuere, nosotros somos educados en una sociedad con una cultura determinada que va aportándonos información y moldeándonos para que encajemos de un modo que se considera conveniente para el colectivo.

Comprende, piensa, investiga...

1 Lee el siguiente texto y señala cuáles de estos ejemplos son naturales y cuáles culturales: ser rubio, teñirse el pelo, quedarse calvo, raparse la cabeza al cero.

«Natura es información transmitida genéticamente; cultura es información transmitida no genéticamente, sino por aprendizaje social» (Jesús Mosterin, *Filosofía de la cultura*).

2 Explica con cuáles de los filósofos citados en este apartado está de acuerdo el pensador alemán Arnold Gehlen cuando asegura que la cultura es una «segunda naturaleza» de los seres humanos.

3 Debatid en clase qué es mejor, lo natural o lo cultural. Buscad algunos ejemplos que refuercen vuestros argumentos.

2 El aprendizaje social

2.1 La prematuridad

Una de las características más extrañas del ser humano, cuando lo comparamos con otros animales similares, es la prematuridad. Para decirlo de una manera fácil de entender: nacemos sin terminar de hacer, con una necesidad absoluta de ser atendidos y cuidados durante un período muy largo de tiempo para poder sobrevivir.

Muchos mamíferos se ponen en pie y caminan poco después de nacer. En el caso de las personas, esto sucede bastantes meses más tarde. Ni los músculos, ni los huesos, ni los sentidos del recién nacido le permiten hacer apenas nada por sí mismo.

Esto impone mucho tiempo de atenciones y una comunicación prolongada con otros congéneres, quienes, al mismo tiempo que nos cuidan, también nos enseñan. Posteriormente, además, pasamos por una etapa de infancia más o menos extensa y en la que aprendemos de otros niños y adultos.

Por todo ello, en condiciones normales, el ser humano recibe una educación, ya sea formal o no, una inculturación; es decir, se integra en una cultura.

2.2 La educación

La raíz etimológica de «educar» es el verbo latino *duco,* que significa 'guiar'. De él vienen también palabras como «conducir». Efectivamente, «educar» implica dirigir a una persona, enseñarle a preferir ciertos bienes y conductas sobre otros, mostrándole qué es lo que se considera correcto y cuál es la mejor manera de conseguirlo.

La educación consiste en dirigir a otra persona, en enseñarle unos valores y unas formas de comportamiento que ha de seguir para integrarse en la sociedad.

Nuestros padres y los profesores procuran dirigirnos hacia lo adecuado, motivándonos y premiándonos cuando cumplimos con lo que les parece bien y riñéndonos o castigándonos en caso contrario.

Si todo funciona como debe, ellos tratan de que nos aproximemos a objetivos que son buenos para nosotros, frecuentemente ayudándonos a encontrar un lugar confortable en la sociedad en la que vivimos.

Una educación así tiene una doble función, según sea el punto de vista que se elija:

a) La sociedad procura que los ciudadanos se adapten a sus propias conveniencias.

b) Los individuos procuran encajar en un sistema que los beneficiará o repudiará según consigan hacerlo con eficacia o no.

2.3 Los principales agentes de la socialización

Muchas son las personas que influyen en nuestra educación o aprendizaje social. Y, en un proceso de maduración normal, su protagonismo varía según sea nuestra edad.

Así, por ejemplo, en el caso de un recién nacido, los principales agentes son los padres. El bebé pasa mucho tiempo con ellos, necesita que satisfagan todas sus necesidades, y se convierten en una referencia absoluta: ellos le dan de comer, lo limpian, lo acarician o lo riñen.

Posteriormente, la escolarización sitúa en primer plano a los maestros. Especialmente en las primeras etapas educativas, en las que el niño tiene mejor disposición para el aprendizaje y pasa mucho tiempo con ellos, tendiendo a establecer una poderosa relación afectiva.

Con el paso del tiempo, los compañeros y los amigos van ganando importancia, se establece una relación de colegas que se empieza a valorar más conforme se devalúa la que se siente respecto de los adultos. Se trata de un momento especialmente peligroso, porque se utiliza como referencia a personas que pueden estar tan perdidas como uno mismo o incluso más.

Pero ese no es el final del proceso educativo y socializador. Solo alcanzan la madurez aquellos que son capaces de descubrir y comprender de una manera eficaz su papel en el conjunto de la sociedad, reconociendo qué es lo que más les conviene.

En las primeras etapas educativas, los maestros desempeñan un papel esencial en la educación del niño, pues pasan mucho tiempo juntos.

Comprende, piensa, investiga...

1 Explica qué es la prematuridad y qué tiene que ver con la socialización.

2 ¿Crees que los padres y los profesores ayudan a sus hijos e hijas y a los estudiantes, respectivamente, o que más bien buscan su propio beneficio? Da argumentos a favor de cada respuesta.

3 Haz un cuadro con los principales agentes que intervienen en la educación de una persona y señala a qué edades crees que son más relevantes cada uno de ellos.

3 La vivencia de los valores sociales

3.1 Los valores sociales

Todo el proceso explicado concede un papel fundamental a los valores que cada sociedad considera importantes. Enseñamos y aprendemos qué es lo que nos parece correcto, sancionando con mayor o menor severidad a quien se aparta de las normas sociales establecidas.

Así, por ejemplo, indicamos a los niños pequeños qué partes del cuerpo pueden mostrar o cuáles deben ocultar pudorosamente. También aprendemos pautas acerca de las posturas adecuadas y lo que se considera de buena o de mala educación: los buenos modales.

Hay muchos ejemplos que demuestran que el contenido concreto de esas enseñanzas, lo que se supone que está bien o mal, varía de unas culturas a otras, por lo que no necesariamente hay algo malo en mostrar o en ocultar determinadas actitudes cuando estamos comiendo o charlando con otras personas.

Pero eso no es tan relevante como darnos cuenta de que en todas las sociedades hay una serie de normas de conducta, unos valores que se consideran importantes. En su adquisición, se pasa por las fases que comentamos a continuación.

En cada sociedad nos transmiten los valores que se consideran importantes en ella; entre ellos, los buenos modales.

3.2 Sometimiento

Los niños pequeños apenas tienen capacidad crítica que les permita juzgar si lo que se les dice está bien o mal. Sienten deseos que quieren que se cumplan inmediatamente y manifiestan frustración cuando no ocurre: lloran si algo les duele, si tienen hambre o sueño...

Tampoco entienden las explicaciones sobre por qué deben o por qué no deben hacer algo, si les conviene o les perjudica.

Sus padres procuran que vayan aprendiendo a comportarse de una manera que ellos consideran conveniente y se enfadan con ellos cuando no lo hacen. Por el contrario, les muestran su alegría, su simpatía y su cariño cuando responden a las expectativas que ellos tienen.

De esta manera, a falta de comprensión sobre las razones de las normas, los niños terminan cumpliéndolas por motivos muy sencillos: evitar un castigo o ganar un premio, ya sea material o afectivo.

Las calificaciones, las reprimendas, las chucherías..., son métodos que los adultos utilizan para educar a los niños, que terminan sometiéndose a las normas porque de lo contrario su vida sería desagradable, no porque estén de acuerdo o en desacuerdo con ellas.

3.3 Rebelión

Sin embargo, el paso del tiempo conlleva maduración: física, intelectual y emocional. Los niños dejan de serlo y se convierten en adolescentes, empiezan a hacerse preguntas y ya no les basta con que alguien les diga que una cosa es correcta, sino que piden explicaciones. Además, observan que no siempre se utilizan las mismas normas ni con la misma rigidez, y protestan.

En ese proceso encuentran aliados en otras personas de su edad, quienes sienten que ya no deben ser tratados como niños y piden tener los privilegios de los adultos.

Lo malo es que todavía no lo son y quieren tener lo mejor de los dos mundos: las consideraciones que se tienen con los menores, a la vez que las ventajas de las que gozan los mayores. Pero no reparan en que los derechos van asociados a deberes: a los niños se les exige y se les trata como a niños; a los adultos, como adultos. No cabe hacerlo a la carta.

Sienten que no encajan en la sociedad, ponen en duda sus normas y se rebelan contra ellas. Claro que la sociedad no se queda quieta. No admite la rebeldía y la sofoca con la dureza y contundencia que sean necesarias para reconducir la situación.

3.4 Autonomía

Las personas social y moralmente maduras son capaces de reconocer su situación, de juzgar por sí mismas cuál es el sentido de las normas y hasta qué punto deben ser consideradas como algo absoluto o no.

Además, tienen el buen sentido de escoger lo correcto y de hacerlo para conseguir sus objetivos en armonía con los de la gente de su entorno a la que aprecian.

Comprende, piensa, investiga...

1 Pon algún ejemplo de cómo actúan personas de distintas edades cuando cumplen una norma y cuando no lo hacen. Expón cómo piensan o qué argumentos emplean.

2 Debatid sobre la rebeldía de los adolescentes. ¿Tiene su razón de ser o es una mera oposición a los adultos?

3 Pon algún ejemplo de un comportamiento en el que se observe la autonomía de las personas maduras.

Los adultos asumen sus obligaciones en sociedad y realizan las tareas que tienen encomendadas, y por eso son tratados como adultos.

4 Peligros de la adolescencia

4.1 Cambios físicos

La adolescencia es un período de cambios biológicos muy importantes. Las hormonas se disparan y convierten a un niño en una persona físicamente madura. Se modifican la estatura, la forma del cuerpo, la voz... El cuerpo se descompensa de tal manera que muchas veces parece perder incluso el control de sus movimientos.

Hasta el cerebro está sometido a modificaciones que afectan a los procesos de razonamiento y al juicio sobre las situaciones. Todavía no se ha desarrollado de forma adecuada la corteza frontal, que nos ayuda a razonar fríamente, evaluando las ventajas y los inconvenientes, los riesgos de una decisión. Por ello, los adolescentes tienden a subestimar los peligros. Además, se dejan llevar por los impulsos de las zonas más primitivas del cerebro y adoptan conductas mucho menos reflexivas y más emocionales.

4.2 Nuevos impulsos

Además, la maduración sexual se presenta con una fuerza arrebatadora, capaz de arrastrar al joven de una manera completamente descontrolada. El impulso de sus deseos empieza a entrar en conflicto con las normas sociales y con los derechos de los demás. Cuando más apremiantes son nuestros requerimientos, más difícil nos resulta satisfacerlos.

En la adolescencia, las personas sufren profundos cambios hasta alcanzar la madurez física; transformaciones que también afectan a su cerebro y a sus procesos de razonamiento y de juicio.

Esto obliga a reestructurar todas las relaciones con uno mismo y con los demás. La persona no termina de entender qué es lo que le está pasando y cuáles son los riesgos de una conducta inadecuada. Ya sea por falta de información o por haber abandonado actitudes más precavidas, se somete a graves riesgos.

Pero no solo los impulsos sexuales se incrementan, sino que también lo hace la agresividad, escapándose en muchos casos del control racional que se recuperará más adelante, en la edad adulta. Naturalmente, esto también genera consecuencias no deseables, como agresiones, lesiones, accidentes...

4.3 Algunos trastornos de conducta

En los casos más dramáticos, durante la adolescencia pueden aparecer trastornos asociados a la alimentación, como la anorexia y la bulimia, en los que la persona que los padece pierde el sentido de la realidad respecto de su propia imagen y la capacidad de control de su conducta.

También se producen otras conductas inadecuadas, como la del negativista desafiante, que tiene lugar cuando el adolescente empieza a retar toda autoridad, ya sea en el centro escolar, en la calle o ante los padres.

En esta situación, el adolescente puede llegar a comportarse como un tirano en su propia casa (síndrome del emperador), exigiendo que sus progenitores se conviertan en sus vasallos y provocando con todo tipo de amenazas e incluso con agresiones.

También pueden padecer otros problemas, como crisis de ansiedad y ataques de pánico, aparte de algunos que pueden encontrarse en cualquier edad, como son el estrés o la depresión.

En todos los casos, el asesoramiento de adultos de confianza resulta muy valioso y es posible encontrar asociaciones de ayuda para cada uno de ellos sin mucha dificultad.

4.4 Adicciones

La pérdida de control sobre la propia conducta y tomar como guías a personas cuyo criterio puede ser tan débil o aún más desinformado que el de uno mismo supone una exposición al riesgo muy importante en el caso de los adolescentes. Esto puede incrementar o producir adicciones.

Por ejemplo, la timidez puede llevar a un adolescente a aislarse de las relaciones personales y a volcarse hacia otras virtuales que se conviertan en tecnodependencia, además de suponer riesgos como el ciberacoso.

Pero también la apertura hacia otras personas puede conducir a un consumo descontrolado de tabaco, alcohol y drogas adictivas y dañinas para la salud. De nuevo aquí hay que recordar que una adicción es un mal físico y moral, por cuanto supone claramente una pérdida de libertad.

Ante los síntomas de cualquiera de estos problemas, lo ideal es buscar ayuda de confianza y adecuada.

En esta etapa de crecimiento, el adolescente está predispuesto a desarrollar algunas conductas adictivas, pues no tiene un control firme sobre su conducta.

Comprende, piensa, investiga...

1 Busca información sobre los trastornos mencionados en este apartado y sobre asociaciones que ayuden a controlarlos o combatirlos.

2 **Justificar.** Reflexiona sobre si crees que tienes alguno de los problemas indicados. En tal caso, piensa a quién podrías contárselo si crees que necesitas ayuda.

3 Pensad y compartid en clase qué influencia tienen otras personas y los medios de comunicación en algunas de estas conductas de riesgo.

Taller de valores

Aplica tus competencias

Los adolescentes están sometidos a fuertes tensiones durante esta difícil etapa de maduración, desde la novedad de tener que asumir los propios cambios físicos hasta la dificultad de encajar en la sociedad en la que viven, aceptando sus normas y sus limitaciones. En ese proceso de inclusión social, es casi inevitable que se produzca una fase de rebeldía hasta lograr la autonomía.

¿Cómplice o chivato?

Hay veces que no necesitamos tomar grandes decisiones para sentirnos tranquilos. En otras, nos vemos obligados a escoger.

Esas elecciones pueden ser fáciles o difíciles. No siempre sabemos bien qué debemos hacer y nos da la impresión de que cualquier opción tiene inconvenientes. Esto puede ocurrir por varios motivos. Uno de ellos es el conflicto entre dos valores que nos vemos obligados a considerar.

Esto pasa, por ejemplo, cuando somos espectadores de una situación de acoso, cuando nos enteramos de que un grupo de matones amedrentan y fuerzan a actuar conforme a sus intereses a alguna persona que escogen como víctima. También ocurre algo así cuando un compañero o compañera de clase ha roto algo y nos preguntan quién ha sido.

Tanto en un caso como en otro, la situación puede volverse angustiosa. Por un lado, sentimos el peso de la educación que nos ha convencido de que no debemos traicionar a los compañeros o compañeras diciendo a los profesores quién ha hecho algo malo. Ser un chivato está mal visto. Pero, por otro lado, si no lo decimos, los acosadores seguirán maltratando a la víctima, el culpable de la rotura no recibirá su castigo y habrá inocentes que tengan que sufrir una sanción.

Ser testigos de una fechoría no nos convierte en cómplices, aunque eso no significa que no nos cargue de responsabilidad.

Comprende el texto y reflexiona

1 **Distinguir.** ¿Tú qué harías si fueras testigo de algo malo: avisarías a alguien que pudiera ayudar a arreglarlo o te callarías? Da argumentos a favor y en contra, pon ejemplos e intenta distinguir en qué casos optarías por una o por otra solución, o bien si se te ocurre alguna diferente.

2 **Juzgar.** ¿Crees que la persona que ha roto algo y no lo reconoce es justa con sus compañeros y compañeras si obligan a todos a pagarlo? ¿Crees que los demás deben seguir su juego cuando él no se está preocupando por ellos?

3 **Explicar.** En la situación anterior, explica qué crees que deberían hacer el culpable, los compañeros y compañeras, y los profesores.

Busca información

4 Piensa en alguna película que hayas visto en la que se traten los conflictos de los adolescentes. Resume su argumento y debatid en clase sobre ella.

Los valores en la historia

El perjurio

Cuando una persona va a testificar en un juicio se le solicita que haga un juramento que le comprometa a decir la verdad. Si no lo hace, está cometiendo un delito llamado «perjurio».

El código de Hammurabi condenaba el perjurio con la muerte. En Roma, se juraba por los dioses, por lo que el perjuro debía ser castigado por ellos; aunque pronto empezó a castigarse físicamente, por ejemplo, despeñándolo desde una roca.

En el derecho canónico, se juzgó el perjurio como un crimen contra Dios (la mentira es un pecado que figura entre las prohibiciones de los Diez Mandamientos), la sociedad y la persona perjudicada por el falso testimonio.

En España, el «falso testimonio» es una conducta sancionable, más cuanto mayor sea el delito que se oculta, aunque en lugar de arrojarlos a un abismo, las sanciones son de cárcel o multas.

emprender aprender

Valoramos las normas

Estudiad el reglamento de vuestro centro escolar y reflexionad:

- Pensad si lo que se dice sobre cuáles son los derechos y los deberes de los alumnos y las alumnas es correcto o si creéis que podría añadirse algo más. En tal caso, preguntad cómo podríais conseguir que se cambiase.
- Haced una propuesta que penséis que podría ayudar a mejorar la convivencia en el centro.
- A continuación, os presentamos los deberes que los estudiantes deben cumplir en los centros según las autoridades educativas. Juzgad qué pasaría si no los respetaseis.

Deberes de los alumnos y las alumnas

Artículo 35. El estudio constituye un deber básico de los alumnos y se concreta en las siguientes obligaciones: a) Asistir a clase con puntualidad y participar en las actividades orientadas al desarrollo de los planes de estudio. b) Cumplir y respetar los horarios aprobados para el desarrollo de las actividades del centro. c) Seguir las orientaciones del profesorado respecto de su aprendizaje y mostrarle el debido respeto y consideración. d) Respetar el ejercicio del derecho al estudio de sus compañeros.

Artículo 36. Los alumnos deben respetar la libertad de conciencia y las convicciones religiosas y morales, así como la dignidad, integridad e intimidad de todos los miembros de la comunidad educativa.

Artículo 37. Constituye un deber de los alumnos la no discriminación de ningún miembro de la comunidad educativa por razón de nacimiento, raza, sexo o por cualquier otra circunstancia personal o social.

Artículo 38. Los alumnos deben respetar el proyecto educativo o el carácter propio del centro, de acuerdo con la legislación vigente.

Artículo 39. Los alumnos deben cuidar y utilizar correctamente los bienes muebles y las instalaciones del centro, y respetar las pertenencias de los otros miembros de la comunidad educativa.

Artículo 40. Los alumnos tienen el deber de participar en la vida y el funcionamiento del centro.

9

La relación con los demás

Conocemos a los demás

La familia es el ámbito en el que experimentamos nuestros primeros contactos con los demás, por lo que nos prepara para mantener unas relaciones maduras cuando seamos adultos.

La amistad supone un cambio con respecto a la familia. A los amigos los elegimos nosotros, y ellos nos ofrecen nuevas perspectivas sobre la realidad y sobre la vida.

También el amor y la sexualidad marcarán nuestras relaciones personales toda nuestra vida, pues son fuerzas naturales muy poderosas.

En el instituto se desarrolla una etapa fundamental en la maduración de las relaciones de los adolescentes con los demás, que no siempre son positivas. Podemos sufrir un caso de *bullying,* que es un comportamiento continuado y grave de acoso intencionado de un agresor que maltrata a su víctima. Se da tanto entre chicos como entre chicas.

La conducta asertiva consiste en mostrarnos como somos y en expresar de forma clara y tranquila lo que pensamos y lo que sentimos, sobre todo en situaciones conflictivas.

En esta unidad vas a estudiar

1. La forma correcta de comportarse en la familia.
2. La naturaleza de las relaciones con los amigos.
3. Las normas de convivencia en el instituto.
4. La forma de actuar en los casos de conflicto con los demás.

Reflexionamos

Gordon maltrata a John

—¿No es ese el chico cuyo tío trabaja en la CNN? ¿Ese que tiene pinta de matón y acné por toda la cara? [...]

—Tiene que haber una manera más fácil e ingeniosa de ocuparse de él.

—¿Por ejemplo?

—Tal vez la psicología. ¿Te has llegado a preguntar por qué te está acosando?

—Porque es un cretino con la cara plagada de granos.

—No me refiero a eso. A ver, ¿qué es lo que no le gusta de ti?

John se encogió de hombros.

—No creo que necesite ninguna razón. Es un matón. A eso se dedica.

—¿Cuándo empezó a maltratarte?

—A principios del semestre.

Philippa se quedó pensativa unos instantes.

—A lo mejor no te deja en paz porque tú no eres un cretino plagado de granos —Philippa asintió con un gesto, satisfecha con su idea—. Esa tiene que ser la razón. Estoy convencida.

—Me parece que no te entiendo —admitió John.

—¿Recuerdas que tú mismo tenías un montón de acné? Luego, cuando te quitaron las muelas del juicio y adquiriste los poderes extraordinarios, te desapareció de repente.

—¿Cómo se me iba a olvidar? Fue uno de los mejores días de mi vida. [...]

—¿Se te ha ocurrido que Gordon pueda maltratarte porque te tiene envidia, porque él aún tiene granos y tú no?

Kerr, P. B., *La djinn azul de Babilonia,* «El djinnverso y el círculo vicioso», Alfaguara.

Dialogamos

1 ¿Consideras que el aspecto físico influye en nuestras relaciones con los demás, como dice Philippa sobre Gordon? Razona tu respuesta.

2 Philippa propone usar la psicología para ocuparse de Gordon. Según tu parecer, ¿cómo se debería afrontar el problema?

1 La convivencia en la familia

1.1 Una experiencia determinante

La familia es una asociación básica que nos proporciona las primeras experiencias de relación con los demás. Somos hijos de alguien, primos de alguien, sobrinos de alguien y nietos de alguien sin haberlo elegido.

La familia en España ha cambiado mucho en los últimos tiempos y en muchos aspectos. Cada vez hay menos familias en las que convivan tres generaciones: los abuelos, los padres y los hijos. Hay familias con hijos de distintos matrimonios, monoparentales...

Pese a esa gran diversidad, hay aspectos que son comunes a todas las familias. Uno de ellos es que en la familia se crean unos lazos afectivos muy fuertes que, pese a los desencuentros y las desavenencias, nos van a servir de referencia, de apoyo y de ayuda a lo largo de toda nuestra vida.

Las relaciones de las personas en la familia son determinantes, pues en ella mantenemos nuestras primeras experiencias con los demás.

1.2 Aprendiendo a relacionarse

En la familia convivimos personas que somos diferentes por edad, pero también por personalidad, por carácter y por forma de ser.

Cada uno tiene su función dependiendo de sus circunstancias. Los padres nos proporcionan lo necesario para nuestro desarrollo como personas. Siempre en la medida de sus posibilidades económicas, nos alimentan, nos pagan los gastos de nuestros estudios y de ocio, e incluso nos dan algún capricho. Pero también nos amonestan, corrigen nuestras conductas inadecuadas o nos castigan porque quieren hacer de nosotros hombres y mujeres honestos y de provecho.

En estos casos, nos sentimos mal y nos enfadamos. Son nuestras primeras experiencias de relaciones conflictivas. Lo bueno que tienen es que, pese a todo el dolor, la rabia y el malestar que nos producen, sabemos que nuestros padres se interesan por nuestra felicidad y que, aunque nos corrijan, no nos dejan de querer.

Aunque te cueste creerlo, estas experiencias desagradables te están preparando para saber manejar en tu vida futuras experiencias de conflicto. El clima de afecto y de cariño en que transcurren te permite reconocer tu error o exponer tu desacuerdo ante tus padres sin temor.

1.3 Responder con gratitud

Pero ¿cuál es tu función como hijo en el seno familiar? Si lo estás recibiendo todo de tus padres, lo lógico es que tú correspondas con tu agradecimiento. «De bien nacido es ser agradecido», dice el refrán. Pero esto no siempre es así.

Algunas veces ocurren, y quizá últimamente de forma más habitual, casos de hijos o de hijas que acosan y maltratan a sus padres, especialmente a las madres. O, sin ir tan lejos, quizá has oído hablar de esos hijos e hijas que nunca están satisfechos con lo que reciben de sus padres, a los que siempre exigen más sin agradecerles nada nunca.

Estas situaciones están relacionadas, a menudo, con el problema dramático de la violencia doméstica. Si esas formas de relacionarse no se corrigen a tiempo, esos hijos e hijas seguirán siendo unos niños caprichosos o tiránicos, incapaces de mantener una relación madura con los demás cuando sean adultos.

Pero la gratitud no solo hay que demostrarla con palabras; también hay que ejercerla con obras, mostrando tu respeto y tu cariño a tus padres y hermanos, colaborando en las tareas domésticas (tus padres, y en especial tu madre, no pueden ser los esclavos de la casa) y, en la medida de tus posibilidades, aportando soluciones a los problemas y a las dificultades que surjan en la familia.

Comprende, piensa, investiga...

1 ¿Cuál crees que es la característica fundamental de las relaciones familiares? Pon ejemplos que confirmen tu afirmación.

2 Compara tu familia con lo que sería una «familia ideal» y destacar las coincidencias.

3 Haz una lista de tareas del hogar y señala aquellas en las que tú colaboras. En clase, comparad vuestras listas y sacad entre todos algunas conclusiones.

La gratitud en el ámbito familiar se demuestra con el cariño y el respeto a los padres y a los hermanos, y colaborando en las tareas que nos corresponden.

2 Las relaciones con los amigos

2.1 La experiencia de grupo

Un poco más allá del ámbito de la familia nos encontramos con el grupo de amigos y amigas. Aquí nuestras relaciones adquieren otro nivel.

En primer lugar, y a diferencia de la familia, a mis amigos y amigas, los elijo yo. Ya sea por cercanía, por afinidad de intereses y de actividades, por simpatía o porque nos caen bien.

En segundo lugar, en el grupo de amigos y amigas suele haber una gran variedad de opiniones, de caracteres, de intereses y de experiencias. Además, no todos los amigos son iguales: con unos tenemos más relación que con otros. Incluso hay alguno con el que no estamos de acuerdo casi nunca, pero es un miembro del grupo y quedamos con él frecuentemente. De nuevo, tenemos la ocasión de respetar al que es diferente o piensa de manera diferente.

Con los amigos y durante la adolescencia, se nos abre un abanico muy amplio de nuevos intereses y preocupaciones, unas buenas (la música, las lecturas, las asociaciones juveniles, las diversiones...) y otras malas (el alcohol, el gamberrismo, la violencia...) que nos ponen en la disyuntiva de elegir a unos amigos y de rechazar a otros.

En tercer lugar, en el grupo de amigos y amigas tenemos la oportunidad de ir conociéndonos a nosotros mismos un poco más, a la vez que conocemos a los demás. En algunas cosas coincidiremos, mientras que en otras discreparemos. Aunque somos amigos, somos diferentes.

A esta edad nos empezamos a preguntar por los estudios que queremos realizar, por actividades que desconocíamos o por cuál va a ser nuestra función en la vida.

Las primeras relaciones fuera del ámbito familiar las mantenemos con nuestros amigos y amigas, que son bastante diferentes a nosotros.

2.2 Las relaciones afectivas

Durante la adolescencia es muy habitual que surjan relaciones especiales con algún amigo o con alguna amiga. Entonces, se despiertan en nosotros el sentimiento amoroso y la atracción sexual.

El amor y la sexualidad son fuerzas naturales muy poderosas que influirán en muchas de nuestras relaciones personales. Constituyen, además, un tema muy complejo, porque afectan a muchos ámbitos de la vida.

Debido a su poder, el amor y la sexualidad pueden llevarnos, en algunos casos, a perder el control sobre nuestros actos y crearnos serios problemas en nuestras relaciones: celos, rivalidades, odio a nuestros competidores, etc.

Cuando entramos en el campo de los sentimentos, nos movemos en un terreno muy resbaladizo e inestable. Los sentimientos, en muchos casos, nublan nuestra razón y no nos dejan pensar con claridad. Por eso, muchos filósofos han insistido en someter nuestras pasiones bajo el dominio de la razón. Algunos, incluso, han despreciado los sentimientos.

Sin duda, son una fuente muy habitual de conflicto, tanto entre los propios interesados como con posibles rivales y, por ello, debemos tenerlos bajo control, pero eso no significa anularlos ni prohibirlos. Tanto el amor como la sexualidad son aspectos esenciales de la personalidad.

En este ámbito de las relaciones humanas, aún persisten comportamientos inaceptables, incluso entre los jóvenes, como, por ejemplo, el machismo. Parece ser que es una opinión bastante extendida entre los adolescentes que los chicos tienen derecho a vigilar todo lo que hacen las chicas, incluso a tenerlas controladas mediante el móvil.

Todo comportamiento que implica la sumisión de las mujeres a los hombres es condenable. Todos somos iguales y en las relaciones sentimentales no puede haber ninguna diferencia: si no respetamos a los demás, estamos abusando de ellos, de la posición de ventaja que nos otorgan los sentimientos de otra persona hacia nosotros.

El criterio fundamental que se ha de tener en cuenta también en este campo es que no debes hacer nada que te perjudique o que pueda hacer daño a los demás.

En las relaciones afectivas también son inaceptables las actitudes machistas, pues todos somos iguales, y nos deben respetar y nosotros debemos respetar a los demás.

Comprende, piensa, investiga...

1 Señala las características más importantes de las relaciones que se entablan en el grupo de amigos.

2 **Distinguir.** ¿Sabes distinguir a los buenos de los malos amigos? Expón en qué te fijas para diferenciarlos. En clase, comparad vuestras opiniones.

3 Debatid en clase sobre los conflictos que pueden surgir entre los amigos. Después, en particular, hablad de la pervivencia de conductas machistas en las relaciones afectivas entre los adolescentes.

3 La conducta en el centro escolar

3.1 Pensando en el futuro

En las sociedades primitivas, los jóvenes, en cuanto se desarrollaban físicamente y estaban capacitados para tener hijos, celebraban unos ritos de iniciación a la vida adulta en los que les enseñaban sus obligaciones en la defensa, en la reproducción y en el abastecimiento de la tribu. En poco tiempo eran considerados adultos.

En España, hasta hace solo cincuenta años, muy pocos jóvenes podían acceder a la Educación Secundaria. La mayoría comenzaba a trabajar a tu edad como aprendices, con horarios de adultos y un salario bajo.

Aún hoy, en muchos países, la educación, en general, y el acceso a la Educación Secundaria, en particular, son un privilegio al alcance de una minoría. Así que tú puedes considerarte afortunado. Tienes una gran oportunidad y debes aprovecharla.

La Educación Secundaria no solo es una etapa académica muy importante para la realización de tus proyectos futuros, sino que, además, va a suponer una fase fundamental en la maduración de tus relaciones con los demás. Para muchos alumnos y alumnas como tú, el instituto o el colegio han significado el encuentro con otros alumnos que han sido sus mejores amigos durante toda su vida.

Y también están los profesores. En Primaria tenías a un profesor-tutor con el que pasabas la mayor parte del tiempo escolar. En Secundaria tienes muchos profesores distintos no solo por la materia que enseñan, sino también por su forma de ser y de enseñar, más o menos asequible, más o menos exigente.

Los profesores son personas con sus problemas y con sus preocupaciones, con sus altibajos, con su buen y su mal humor..., y tú tienes que aprender también a convivir con ellos y a respetarlos. Están ahí para enseñaros, y vosotros sois los primeros interesados en facilitar su trabajo.

En esta etapa educativa, el instituto o el colegio son como un microcosmos, una reproducción a escala de la sociedad en la que se va a desenvolver tu vida adulta. Aprender a relacionarte con todo tipo de personas será una de las asignaturas en la que no vas a tener una nota final en tu expediente, pero que, sin duda, te resultará muy útil en la vida.

En nuestro país, tenemos derecho a la educación, y hemos de aprovechar esa oportunidad para la realización de nuestros proyectos futuros.

3.2 Aprender a convivir

Desde tu nacimiento, estás sometido sin saberlo a una serie de leyes por el mero hecho de haber nacido en un país determinado. Por ejemplo, una de las primeras cosas que hicieron tus padres cuando naciste fue inscribirte en el Registro Civil. Si no lo hubieran hecho, no habrías sido reconocido legalmente como ciudadano.

Cuando somos pequeños, todas estas cosas «legales» ni nos preocupan ni nos interesan. Es normal, pero son importantes para todos, también para vosotros.

Ahora, en tu nueva etapa en Educación Secundaria, estás en disposición de empezar a aprender la importancia de las leyes. En un colectivo tan diverso como un instituto o un colegio de Secundaria, con estudiantes de distinta procedencia, cultura y clase social, con diferentes ideologías y creencias, es necesaria una ley que sea acatada por todos para poder trabajar y convivir.

Algunas leyes que ya te afectan son el Reglamento de Régimen Interno o el Plan de Convivencia de tu centro. Son las normas que regulan la vida diaria del centro escolar: las funciones de cada uno en el centro; los derechos y los deberes de los profesores, de los alumnos y de los padres; la calificación de las infracciones y las medidas correctoras, y las normas de convivencia.

Esta reglamentación también te da la oportunidad de participar en la vida de tu centro de una forma activa, como miembro del consejo escolar, como delegado o como mediador de convivencia. Son experiencias que no solo te servirán para mejorar tus relaciones con los demás, sino que ampliarán tu capacidad de comprensión y tu trato razonable con los otros.

Comprende, piensa, investiga...

1. ¿Qué cualidades le pedirías a tus compañeros para que fueran tus amigos? Debatid en clase sobre esas cualidades.
2. ¿Qué valoras más en tu relación con los profesores? Poned vuestras respuestas en común en clase y sacad conclusiones.
3. En grupos, distribuid los capítulos del Reglamento de Régimen Interno de vuestro centro escolar y comentadlo. Resumid vuestras conclusiones para comunicárselas a toda la clase.

En el centro escolar y en el aula existen unas normas que todos debemos respetar para lograr una buena convivencia.

4 Conflictos en nuestras relaciones

4.1 Comportamientos conflictivos

En nuestras relaciones con los demás, siempre es posible tener experiencias negativas, como desengaños, traiciones o distanciamiento, e incluso agresivas, como discusiones y peleas.

Estos conflictos a veces se resuelven y a veces no, pero, normalmente, no se prolongan durante mucho tiempo, son pasajeros.

Sin embargo, el *bullying* es un comportamiento grave de acoso intencionado de un agresor que maltrata a su víctima, quien, a su vez, se siente dominada e impotente. El *bullying* es un comportamiento continuado en el tiempo y se produce tanto entre chicos como entre chicas.

El agresor disfruta y alardea ante los demás compañeros, que actúan como cómplices pasivos del sufrimiento que ocasiona al agredido, el cual está siempre en desventaja.

El hostigamiento a la víctima puede ser de forma física o a través de las redes sociales. Se la amenaza, se le exige dinero o se la insulta, sufre agresiones físicas y se propagan falsos rumores denigrantes.

En esta situación, la víctima se siente indefensa y acorralada emocional y socialmente ante sus compañeros y compañeras. No se atreve a pedir ayuda por miedo a que la descubran y se recrudezcan las amenazas y su desprestigio social.

En las situaciones de acoso escolar la víctima se siente indefensa y acorralada ante sus compañeros y compañeras.

4.2 ¿Qué podemos hacer en caso de conflicto?

Formas de responder a las conductas agresivas

En la mayoría de los casos de acoso escolar en los que se puede hallar alguno de tus compañeros o compañeras, los primeros que se enteran son los demás alumnos y alumnas. Los adultos que están alrededor, sean los profesores o los padres, normalmente los conocen bastante tiempo después de que se hayan iniciado.

Teniendo esto en cuenta, es muy importante que aviséis sin pérdida de tiempo a los padres, a los tutores o a los adultos responsables para que tomen las medidas oportunas en cada caso.

El acoso escolar no es una broma o una novatada ni tú eres un chivato por denunciar el problema. En situaciones extremas, incluso puede estar en peligro la vida de la víctima.

Ahora bien, en la mayoría de los casos, los conflictos con las personas que convivimos se pueden encauzar con una conducta adecuada.

La agresividad es un factor esencial de la naturaleza humana. Frente a una agresión real o solamente sentida como tal por nosotros, la reacción espontánea es responder también de forma agresiva. Esta actitud es perjudicial para el contrario, pero también para nosotros mismos. Nos crea tensión e inseguridad.

Tampoco es una buena solución permanecer pasivos ante las agresiones o abusos ajenos. Trasmite una imagen de debilidad que puede incrementar las agresiones sobre nosotros.

La conducta asertiva

La conducta más beneficiosa en las relaciones con los demás en cualquier caso, y sobre todo ante los que expresan ideas o puntos de vista diferentes a los nuestros o en situaciones problemáticas y conflictivas, es la llamada «conducta asertiva».

Imagínate, por ejemplo, un caso de acoso escolar:

a) Hablamos entre los compañeros y compañeras, lo lamentamos o nos reímos a escondidas de la víctima. Esa sería una respuesta pasiva.

b) La víctima responde de manera violenta y, a su vez, difunde bulos o incluso golpea a su agresor. Esa sería una actitud agresiva.

c) Actuar de forma asertiva es ofrecer apoyo a la víctima y reprochar el comportamiento violento del agresor, sin miedo y de forma inmediata, para que su actitud violenta sea cortada antes de que se convierta en un caso de *bullying*.

La mejor forma de resolver los conflictos siempre es negociando para llegar al mejor acuerdo posible.

La conducta asertiva no va a acabar con todos los problemas ni a cambiar a las personas con las que tenemos algún enfrentamiento, pero todos tenemos derecho a mostrarnos como somos y a expresar de forma clara y tranquila lo que pensamos y lo que sentimos.

Comportarnos de esta manera aumentará nuestra confianza en nosotros mismos ante las dificultades en las relaciones con los demás y contribuirá a que nos tomen en serio cuando actuamos así.

La mejor forma de evitar conflictos es desarrollar una conducta asertiva, mediante la que expresamos clara y tranquilamente lo que pensamos y sentimos.

Comprende, piensa, investiga...

1 **Diferenciar.** ¿Qué diferencias existen entre un conflicto y un comportamiento agresivo? Pon ejemplos de ambos.

2 ¿Qué características definen al *bullying*? ¿Se pueden dar casos similares de acoso a los adultos en las empresas?

3 Señala las características de una conducta asertiva.

Aplica tus competencias

En ocasiones, las relaciones entre las personas no son fáciles. Se producen conflictos, que se deben procurar resolver de forma asertiva.

En concreto, en el ámbito escolar, los casos de *bullying* son muy preocupantes, pues pueden tener consecuencias muy negativas para la víctima.

Castigo por ciberacoso

En Estados Unidos, Cara Schneider, una madre de Carolina del Norte, obligó a su hija Hailey a confesar públicamente que había cometido acoso.

Para conseguirlo, el 5 de enero de 2014 publicó en una red social una foto en la que Hailey llevaba colgada del cuello una nota que decía: «Soy una chica inteligente, pero he tomado decisiones equivocadas en las redes sociales». En esa misma red social, la niña expresaba su arrepentimiento y reconocía que el acoso escolar es malo.

En un intento de asumir su error y para tratar de enmendarse, la joven vendió su teléfono móvil y entregó el dinero a Beat Bullying, una organización sin ánimo de lucro que se dedica a combatir el acoso escolar.

Curiosamente, la actitud de la madre recibió críticas que la acusaban de ser ella quien estaba acosando a su propia hija.

En su respuesta pública, Cara insistió en que antes de publicar la foto de su hija había intentado otras muchas medidas, como castigarla sin salir de casa u obligarla a llevar siempre un manual de buena conducta.

Convencida de que su hija tiene que actuar apropiadamente, la madre aseguró: «Era la última vía que me quedaba para que mi hija entendiera lo que había hecho».

Comprende la situación y exprésate

1 Juzga la decisión de la madre de Hailey desde la perspectiva de cada una de las partes implicadas: la madre, la hija, la víctima o las víctimas del acoso y los críticos con la decisión de la madre.

2 ¿Qué cambiaría en el caso de que la madre no se hubiera enterado del ciberacoso de su hija?

3 ¿Por que crees que Hailey no cambió de actitud ante los reiterados intentos de su madre?

4 Ponte en el papel de la madre de Hailey, ¿qué hubieras hecho tú?

Buscad información

5 Investigad las consecuencias legales que tiene el ciberacoso si se realiza en España.

Reflexiona sobre el conflicto y debate con tus compañeros

6 Analizad en clase el caso de Hailey y su madre, y diseñad entre todos una estrategia de actuación, moralmente aceptable, en el supuesto de que un caso semejante ocurriera en vuestro centro educativo.

Los valores en la historia. Malala Yousafzai

Malala Yousafzai es una estudiante, activista y bloguera pakistaní. Se dio a conocer a los 12 años con un blog que publicaba con pseudónimo en la BBC y alcanzó notoriedad mundial debido a su lucha a favor de los derechos civiles y, en particular, por defender el derecho de las niñas paquistaníes a ir a la escuela.

En su región, los talibanes prohibieron la asistencia a la escuela a las niñas entre los años 2003 y 2009. Junto a dos compañeras, sufrió un atentado terrorista talibán en octubre de 2012, con solo 15 años. «Volver al colegio me hace muy feliz. Mi sueño es que todos los niños en el mundo puedan ir a la escuela, porque es su derecho básico», dijo Malala al salir del hospital de Birmingham, donde fue tratada de sus graves lesiones.

Ganó el Premio Nobel de la Paz en 2014. Es la persona más joven en recibirlo en cualquier categoría.

emprender aprender

Elaboramos un reportaje

La redacción de la revista de vuestro centro educativo os ha encargado que realicéis un reportaje sobre las relaciones personales en el centro para publicarlo en su próximo número.

Tenéis que recabar información sobre este tema de los miembros de la dirección, de los profesores y profesoras, las opiniones de vuestros compañeros y compañeras, señalar los casos particulares, aportar fotos y otros documentos gráficos...

Con la información recopilada, decidiréis qué vais a publicar y redactaréis el reportaje.

Consejos

- Trabajando en grupos, organizad las distintas tareas.
- Para ello, tenéis que repartir entre vosotros las diferentes funciones: los que hacen las entrevistas a los compañeros y compañeras, los que recogen información de los miembros de la dirección y de los profesores, los que redactan el reportaje, los que diseñan la presentación de los contenidos en un documento digital, los que recogen la información gráfica (fotos, dibujos, gráficos sencillos)...
- Entre todos, tenéis que seleccionar la información y decidir qué se debe o qué no se debe publicar en el reportaje, teniendo en cuenta que puede ser leído por mucha gente que no conoce el centro. No vale decir: «Quitad eso, a mí eso no me gusta», sin explicar el porqué.
- Preparad una presentación y elaborad un *dossier* en los que se expongan las conclusiones del reportaje y se aporten los documentos recabados más importantes.
- Investigad en qué consiste el trabajo de los Alumnos Mediadores de Convivencia.

10

Nos respetamos unos a otros

Convivir con gente diferente

Nos desarrollamos como individuos y queremos encontrar nuestro lugar en la sociedad, pero, a veces, esto supone entrar en conflicto con otras personas.

Descubrimos que somos diferentes y que debemos respetarnos. Aunque tenemos distintas maneras de pensar, hemos de ser capaces de vivir en armonía.

Hoy pensamos que todos los seres humanos tienen derechos que se deben proteger, por muy distintos a nosotros que puedan parecernos. Estamos obligados a respetar a los demás, y ellos, a nosotros Lo único que no debemos admitir es que alguien pretenda actuar contra los derechos humanos o contra la ley.

La violencia resulta inadmisible como modo de resolver las disputas y demuestra incompetencia por parte de quien recurre a ella.

Debemos rechazar la discriminación y todo intento de menoscabar los derechos legítimos de cualquier colectivo. En este sentido, es bueno reflexionar sobre cómo caemos en prejuicios xenófobos y en la aporofobia.

En esta unidad vas a estudiar

1 La coordinación de las diferencias personales con la igualdad de derechos.

2 La obligación de respetar a los demás.

3 La obligación de que los demás nos respeten.

4 Las raíces de algunas formas de discriminación.

Reflexionamos

Costumbres diferentes

Siempre he necesitado que me amaran. Desde niña, sin embargo, he sabido que no me correspondía ser amada; aun así, ansiaba que quienes me rodeaban me expresaran su cariño, y ese deseo injustificado ha sido la causa de todos mis males. Soñaba con que mi madre se fijara en mí [...]. Con objeto de ganarme su afecto, prestaba siempre obediencia —la principal virtud de niñas y mujeres—, pero quizá me desvivía demasiado en hacer lo que me mandaban. [...] Intenté no defraudar las expectativas de mi familia —tener los pies más pequeños del condado—, de modo que dejé que me los vendaran para que, tras romperse, los huesos adquirieran una forma más hermosa [...]. Con la excepción de tres meses del quinto año del reinado del emperador Xianfeng, he pasado toda mi vida en las habitaciones del piso de arriba, reservadas a las mujeres. Iba al templo, viajé en ocasiones a mi pueblo natal, pero sé muy poco del reino exterior.

Lisa See, *El abanico de seda,* Salamandra.

Dialogamos

1 Investigad sobre la costumbre de vendar los pies a las mujeres para que los tengan pequeños. ¿Pensáis que esa costumbre, antiguamente muy arraigada en algunos pueblos y culturas orientales, aunque ya erradicada, debería ser tolerada y respetada actualmente?

2 ¿Sabéis quiénes son las mujeres jirafa? Hay otras muchas costumbres que afectan al aspecto físico de las mujeres. Informaos sobre algunas y debatid sobre si son admisibles o no.

3 La costumbre de recluir a las mujeres en el hogar, como se narra en la historia, perdura en muchas sociedades. ¿Creéis que se respetan sus derechos?

4 Lirio Blanco y Flor de Nieve, las niñas protagonistas de la historia, no ven respetados sus derechos a causa del machismo imperante en su cultura y en sus familias. ¿Sabrías poner ejemplos de machismo que se produzcan en diferentes culturas y países?

5 ¿Consideráis que las mujeres en esta historia reciben un trato cruel por parte de su familia?

6 ¿Creéis que en nuestra sociedad ha mejorado el reconocimiento de los derechos de las mujeres en los últimos años? Debatidlo.

1 Iguales y diferentes

1.1 Individuo y sociedad

Nos desarrollamos como personas individuales, pero tenemos que encajar en una sociedad. Entonces, como no estamos solos, hemos de conseguir que nuestros intereses se armonicen con los de quienes nos rodean.

Resulta frecuente que nuestras voluntades choquen, que varias personas deseemos poseer o lograr lo mismo y nos veamos obligados a competir, frustrándonos cuando no podemos conseguirlo.

En la Antigüedad y en la Edad Media, el sentimiento de los seres humanos era más el de pertenencia y subordinación a una comunidad que el de individuos con pensamientos y aspiraciones personales y únicas.

Durante el Antiguo Régimen, cada cual debía hacer lo que se esperaba de él y era impensable que todos los seres humanos tuvieran derechos. Incluso la elección profesional venía muy determinada desde el nacimiento. El orden social se mantenía mediante los estamentos.

Por el contrario, en la actualidad, los hombres y las mujeres pueden elegir y son responsables de sus decisiones. La libertad es, pues, un valor irrenunciable. Pero seguimos teniendo que convivir. Por eso, consideramos que, en cierto sentido, todos somos iguales, que todos tenemos los mismos derechos, pero también apreciamos la libertad de cada uno para ser lo que quiera y para actuar como desee, siempre y cuando respete a los demás.

Los individuos tienen que adaptarse en cada momento a la sociedad en la que viven.

1.2 De humores y clima

De algún modo, también somos diferentes. No solo en cuanto a aspectos físicos como la altura, el sexo, la edad o el color de la piel, sino también por nuestro carácter.

Una combinación de la teoría de los cuatro elementos (tierra, agua, aire y fuego) y las enseñanzas médicas de Hipócrates llevó a considerar que la personalidad humana dependía de los cuatro humores corporales: sangre, flema, bilis negra y bilis amarilla. Según el humor que predomine en cada ser humano, así será su temperamento. Además, todos ellos podían corromperse, dando lugar a dolencias como la melancolía (si lo que se deterioraba era la bilis negra, por ejemplo).

Otros autores como Montesquieu, pensador francés ilustrado, insistieron en la influencia del clima, que hace que los nórdicos y los mediterráneos tengan un carácter diferente.

1.3 El estudio de la personalidad

La psicología actual proporciona herramientas que permiten describir la personalidad con mayor precisión. Su estudio y concreción es materia de debate y no es fácil llegar a acuerdos.

Al principio, se intentó establecer una asociación entre el aspecto corporal y la manera de pensar, dando lugar a la teoría de los biotipos, según la cual, por ejemplo, las personas atléticas son más agresivas.

Sin embargo, es evidente que aunque pueda haber cierta influencia entre nuestra biología o nuestro entorno y nuestro carácter, no es una relación sistemática. No todas las personas con un aspecto fornido tienen por qué ser agresivas y menos aún violentas.

Posteriormente, se han destacado rasgos diferentes para plantear clasificaciones que distinguen varios tipos fundamentales de personalidades e incluso sus trastornos correspondientes. Lo cierto es que hay personas más serias o más alegres, más ordenadas o más imaginativas..., y nadie encaja exactamente en un grupo concreto.

Todas esas diferencias aportan riqueza, proporcionan soluciones y, si las sabemos apreciar, hacen nuestra vida mejor. Este es el motivo por el que debemos rechazar todo tipo de discriminación y la intolerancia.

Comprende, piensa, investiga...

1. Averigua qué características se atribuyen a estos temperamentos: flemático, colérico, sanguíneo y melancólico. ¿Podrías asociar algunos personajes famosos a cada uno de ellos?
2. ¿Piensas que todos somos iguales? ¿Y que deberíamos tener los mismos derechos? Argumenta tus respuestas.
3. En clase, ¿deberíais tener todos las mismas calificaciones? ¿Y ser evaluados con los mismos criterios? Argumenta tus respuestas.

Aunque se puedan distinguir varios tipos de personalidad, las personas no encajamos exactamente en ningún grupo concreto.

2 Respetar a los demás

2.1 El valor de las personas

La idea de que todos los seres humanos somos personas y tenemos los mismos derechos tiene un alcance mucho mayor de lo que parece. Apenas nos damos cuenta porque se nos presenta como algo obvio, pero resulta sorprendente cuando la comparamos con los tiempos en los que las cosas no se veían así.

Hubo épocas en las que la superioridad de unos seres humanos sobre otros parecía tan evidente que algunos tenían incluso menos valor que muchos animales. En muchas sociedades se admitía la esclavitud o se consideraba que si no podían someter a sus enemigos debían exterminarlos.

En el Antiguo Régimen, la tierra era más importante que los siervos que la cultivaban y los derechos de propiedad estaban por delante de los derechos de la persona.

Los derechos reconocidos por los filósofos ilustrados y asumidos por la comunidad internacional en la actualidad son un referente moral y legal que transforma la realidad de nuestro entorno: todos los seres humanos somos personas y depositarios de derechos.

2.2 Tolerancia y respeto

Si durante la Ilustración se argumentó a favor de la tolerancia religiosa y en la Revolución Francesa se pretendió acabar con los privilegios de los nobles, en los años sucesivos se reclamó y se proclamó la dignidad de diferentes colectivos: los esclavos, los trabajadores, las mujeres..., hasta la aprobación de la Declaración Universal de los Derechos Humanos, que reconoció derechos a todos los seres humanos.

Sesión de la Asamblea Nacional (Litografía del siglo XIX).

El reconocimiento de los derechos humanos tiene un antecedente claro en la Revolución Francesa, que pretendió acabar con los privilegios de los nobles.

Con esta declaración se pretende asumir y superar todas las conquistas anteriores. La universalidad que figura en su título ahorra debates sobre si afecta solo a los niños, a los extranjeros, a los pobres, a las mujeres, a los enfermos o a los ciudadanos adultos ricos varones y sanos.

Es evidente que las personas que nos rodean piensan con frecuencia de manera diferente a como lo hacemos nosotros. Sus ideas políticas, sus creencias, sus aficiones, sus gustos, su aspecto físico..., todas esas características pueden ser distintas de las nuestras, pero nunca pueden ser motivo de rechazo, burla ni ofensa. Mucho menos de agresiones. Si queremos que los demás nos respeten, también estamos obligados a corresponder.

Las personas somos muy diferentes y tenemos gustos muy diversos, pero todas merecemos respeto.

2.3 ¿Límites de la tolerancia?

Pero ¿hay algún límite a la tolerancia? ¿No hay nada intolerable? Desde luego que sí: aquellas conductas que son incompatibles con los derechos humanos resultan intolerables. El racismo, el machismo, los abusos o los malos tratos son lacras que ninguna sociedad de nuestros días debe permitir.

Otra cosa es que la manera de castigar a quienes adoptan esas actitudes y comportamientos debe mantenerse dentro de los márgenes que todos nos hemos dado. No debemos responder a la violencia con más violencia, puesto que de lo contrario no solo los argumentos de unos y de otros se desacreditan, igualándonos en lo malo, sino que caemos en una espiral de destrucción y de dolor mutuos.

El reto, por lo tanto, no está ni en imponer nuestros argumentos por encima de los demás ni en aceptar lo que digan otros como si fueran verdades evidentes. Lo realmente difícil es situar la argumentación racional por encima de los caprichos y de los abusos. Ahí es donde tiene aplicación el saber ético.

Los derechos humanos nos dan una orientación asumida internacionalmente de lo que se puede tolerar y de lo que no, y la legislación nos ayuda a combatir los daños que se ocasionan mediante los comportamientos que podemos considerar inaceptables. Por ejemplo, en los centros escolares hay un reglamento de régimen interno, basado en los decretos de derechos y de deberes promulgados por las autoridades educativas que permiten sancionar las conductas discriminatorias y el acoso.

Comprende, piensa, investiga...

1. ¿Creéis que debemos ser tolerantes con los intolerantes? ¿Y qué sucede si otros nos consideran intolerantes? Debatidlo.
2. **Justificar.** ¿No te parece que es fácil ser tolerante únicamente con quienes también lo son? Justifica tu opinión.
3. **Justificar.** ¿Cuál debe ser el argumento fundamental para respetar a los demás: que nos respeten a nosotros o que todos los seres humanos lo merecen? Explica tu respuesta.

3 Hacernos respetar

3.1 Cumplimos un deber y tenemos un derecho

De la misma manera que tenemos la obligación de respetar a los demás, también tenemos el derecho a que ellos nos respeten, siempre y cuando nuestra actitud no transgreda los límites legales ni las normas del lugar en el que estamos.

Por eso es relevante adoptar una actitud asertiva para la resolución de cualquier conflicto, evitando caer en las provocaciones y reprocharse quién ha comenzado la discusión: no es tan importante quién empezó la disputa como quién es capaz de zanjarla. Que otra persona me insulte no es motivo para que yo la agreda. Siempre tenemos que encontrar los recursos pacíficos que impidan que seamos tratados injustamente y contra nuestra dignidad.

El motivo fundamental por el que deben respetarnos es porque tenemos dignidad: si todos los seres humanos tienen los mismos derechos y han de ser tratados correctamente; evidentemente, nosotros también. Esta actitud es independiente de que nosotros correspondamos o no a ella: si solo se respeta a quienes actúan adecuadamente, entonces encontraremos argumentos para faltar a otros. No se admiten excusas: debemos respetar y ser respetados.

Todos los seres humanos tenemos dignidad y el derecho de ser respetados y tratados correctamente, sin excusas.

3.2 El último recurso del incompetente

Uno de los personajes de la saga de ciencia ficción *Fundación,* escrita por Isaac Asimov, señalaba que «la violencia es el último recurso del incompetente». De hecho, a menudo es un intento de desahogar la rabia y la frustración que afectan a quien la comete.

Una persona segura de sí misma y capaz de razonar correctamente no necesita ni insultar ni faltar al respeto ni acosar ni realizar ningún comportamiento similar. Aunque en la adolescencia todavía estamos construyendo nuestra personalidad y no es raro que nos sintamos algo inseguros, dejarnos llevar por el mal humor no resolverá nuestros problemas.

Si la actitud respetuosa es recomendable para nosotros mismos, también debemos exigírsela a los demás. Así debemos verlo y tratar de mostrar a los demás que no deben pagar su malestar con nosotros.

Del mismo modo que la violencia genera más violencia, la tolerancia se aprende y resulta contagiosa. Gandhi aseguraba que «la no violencia es la fuerza más grande que la humanidad tiene a su disposición. Es más poderosa que el arma más destructiva inventada por el hombre. La destrucción no corresponde ni mucho menos a la ley de los hombres».

3.3 Amparados por la ley

Afortunadamente, no vivimos en la época de la esclavitud ni de la servidumbre, no necesitamos pertenecer a la nobleza ni a un grupo de privilegiados para poder buscar el amparo de la ley cuando alguien nos agrede o nos maltrata.

Ser mayor o más fuerte no da autoridad a nadie y podemos exigir respeto a cualquiera que pretenda abusar de nosotros.

Las ofensas, el acoso, las agresiones deben encontrar respuesta por parte de las autoridades, que están obligadas a amparar a los más débiles. Esto ocurre tanto en el ámbito escolar como en el social.

Vivimos en una sociedad que promueve los valores del respeto y de la tolerancia. Conforme a esos valores, establece unas normas y sanciona a quienes agreden a los demás. De manera que allí donde no se aceptan los argumentos, estamos en nuestro derecho de solicitar ayuda. Pedir ayuda cuando no somos capaces de resolver nosotros solos una situación no es cobardía, sino sensatez.

El acoso, las ofensas y las agresiones son intolerables y deben ser combatidos con determinación con ayuda de la ley.

Comprende, piensa, investiga...

1 Buscad en el Título I de la Constitución española algunos de los artículos contra la discriminación y, trabajando en grupo, explicad su significado.

2 Averigua qué dice el reglamento de régimen interno de tu centro escolar sobre las conductas contrarias a las normas del centro.

3 Convocad una asamblea y exponed algún caso que conozcáis de falta de respeto. Proponed entre todos las soluciones respetuosas que se os ocurran.

4 Leed el siguiente texto de Gandhi y valorad su opinión:

«La no violencia no consiste en "abstenerse de todo combate real contra la maldad". Por el contrario, veo en la no violencia una forma de lucha más enérgica y más auténtica que la simple ley del talión, que acaba multiplicando por dos la maldad. Contra todo lo que es inmoral, pienso recurrir a armas morales y espirituales. No deseo embotar el filo del arma que me presenta el tirano, utilizando un tajo más cortante todavía que el suyo».

4 La discriminación

4.1 Principales tipos de discriminación

El rechazo a determinados colectivos de personas es algo que ha sido frecuente en la historia de la humanidad y que todavía se produce en muchas sociedades. Quizá los casos más evidentes se observan en aquellas comunidades que permiten sistemas de castas que reducen a algunos colectivos a situaciones extremadamente marginales. Así ocurre con los intocables de la India, personas que han quedado fuera de las cuatro grandes castas en las que se ordena esa sociedad.

Pero entre los más notables, más próximos a nosotros, y que ya abordamos en otras unidades, se encuentra el machismo. Igualmente son rechazables el racismo y la discriminación por diferencias en las creencias religiosas o en las opiniones políticas.

Ahora bien, también son frecuentes y tendemos a olvidar la xenofobia, la discriminación por razones de edad y por enfermedad o el clasismo... Desgraciadamente, estamos acostumbrados a escuchar hablar mal acerca de los «viejos», de los «críos», de los «ricos»...

Normalmente, se recurre a tópicos y se buscan enfrentamientos que, al mismo tiempo que nos identifican como grupo, suponen un rechazo hacia los demás.

Para estar orgullosos de nuestras características personales no es necesario criticar a otros ni convertirlos en enemigos.

El sistema de castas de India es la forma actual más extrema de discriminación tolerada por una sociedad.

4.2 La xenofobia

No es raro escuchar críticas a colectivos tan amplios como los ciudadanos de un país extranjero. Aun cuando sus habitantes sean mayoritariamente de nuestra raza y no podamos hablar de racismo, las críticas a los franceses, a los portugueses, a los ingleses, a los norteamericanos... constituyen xenofobia.

En el peor de los casos, esas opiniones terminan asociándose, incluso, a actitudes violentas, como las que suceden de vez en cuando entre los seguidores de algún deporte, como es el caso de los grupos de aficionados violentos.

El deporte es un buen ejemplo de una actividad en la que se manifiestan claramente las consecuencias tanto negativas como positivas de nuestra actitud hacia los demás. Pensar que los triunfos deportivos establecen la superioridad del grupo al que pertenecemos sobre otros y que lo hacen, además, rebajándolos, produce frustración e incluso violencia. En cambio, en su interpretación más positiva, el deporte constituye una exaltación de los mejores valores del ser humano.

La conducta más inteligente y más recomendable para combatir estas opiniones negativas infundadas es evitar generalizaciones que nos hacen pensar que todas las personas que tienen una nacionalidad determinada comparten algún defecto común. Esta misma precaución debe aplicarse también entre ciudadanos de distintas regiones o ciudades.

Cada vez que decimos «todos los... son unos...» estamos prejuzgando a los demás: nosotros no conocemos a todas las personas de un lugar o de un tipo, ni siquiera a la mayoría. Se dan casos incluso en los que no conocemos a ningún miembro de ese colectivo y, aún así, los criticamos.

4.3 La aporofobia

Con mucha frecuencia, lo que se esconde detrás de la discriminación a determinados grupos tiene que ver, en realidad, con argumentos económicos, se trata de un clasismo encubierto.

Imaginemos que conocemos a una persona que pertenece a uno de esos colectivos rechazados (es de una nacionalidad o de una raza diferente de la nuestra) y alguien comienza a criticarlo por ese motivo. Supongamos que le decimos que es rico y muy generoso y que nos invita a todos a una fiesta en la que habrá todo lo que más nos gusta. Basta la imagen para darnos cuenta de que su actitud cambiará completamente.

La filósofa española Adela Cortina propone el término «aporofobia» para designar esa discriminación hacia los pobres, que, en su opinión, subyace a la mayor parte de nuestros prejuicios y de nuestras actitudes discriminatorias.

Nos da igual la raza de los grandes ídolos deportivos o de los dueños de inmensas fortunas que nos dejan magníficas propinas. En cambio, nos sentimos fácilmente tentados a criticar a quienes son más pobres que nosotros.

La xenofobia es otra forma de discriminación hacia los que son diferentes, en este caso porque son extranjeros.

Comprende, piensa, investiga...

1. Menciona cuáles te parece que son los principales tipos de discriminación que ves a tu alrededor.
2. **Ejemplificar.** Pon un ejemplo de xenofobia no racista y otro de racismo no xenófobo.
3. ¿Qué te parece la opinión de Adela Cortina? ¿Estás de acuerdo?
4. Buscad el artículo de periódico en el que Adela Cortina defendió el uso de este término. Leedlo y comentadlo en clase.

Aplica tus competencias

En muchos casos, la discriminación lleva a cometer actos terribles y no solo a individuos o a grupos incontrolados, sino que también en algunos países se aplican leyes que no respetan los derechos humanos y perjudican a determinados colectivos. Por ello, todos debemos colaborar para la derogación de esas leyes injustas.

Salvar a Sufiya

En el año 2001, en Nigeria, una mujer de 35 años llamada Sufiya Huseini fue condenada a morir lapidada. Se la acusaba de un delito de adulterio.

Además, este no ha sido el único caso. Por ejemplo, en ese mismo país y solo un año después, Amina Lawal también fue condenada a morir lapidada.

Cuando, gracias a la prensa, el caso de Sufiya saltó a la escena internacional, varias ONG colaboraron para intentar salvarla. La campaña que organizaron con el lema «Salvar a Sufiya» consistía en enviar una carta al presidente de Nigeria firmada por miles de personas en la que se le pedía que impidiera la ejecución. La campaña tuvo exito y en 2002 se le levantó la pena capital.

Entre las ONG participantes se encontraba Amnistía Internacional. Esta asociación, que trabaja para hacer que se respeten los derechos humanos de todas las personas, se muestra especialmente activa exigiendo la abolición de la pena de muerte en todo el mundo y la prohibición absoluta de cualquier forma de tortura y de otros tipos de maltrato.

Buscad información

1 Buscad la carta al presidente de Nigeria para conocer su contenido exacto.

2 Averiguad en qué países está vigente la pena de muerte y en qué supuestos.

3 Investiga qué le pasó, finalmente, a Amina Lawal.

Comprende la situación y exprésate

4 Si hubieras sido tú el presidente de Nigeria, ¿qué hubieras hecho en el caso de Sufiya?

5 Si hubieras sido miembro de Amnistía Internacional o de otra ONG colaboradora, ¿habrías iniciado esa campaña u otra más contundente?

6 ¿Firmarías esa carta o cualquier otra semejante?

Aprende a debatir

7 Debatid en clase sobre la legitimidad de la pena de muerte: ¿es justa?; ¿aporta alguna solución al problema de la violencia entre los seres humanos?; su aplicación, ¿es un asesinato?

Reflexiona y valora

8 Valorar. Si fueras ciudadano de un país que aplica legalmente la pena de muerte, ¿te considerarías responsable de la muerte de los condenados? ¿Se estaría matando en tu nombre?

9 Valorar. ¿Solo sería responsable el Estado pero no los ciudadanos, o bien, además de aquel, lo serían también los ciudadanos que estuvieran a favor de la pena de muerte?

Los valores en la historia. Francisco de Goya, pintor de los derechos humanos

Francisco de Goya y Lucientes (1746-1828) fue un pintor aragonés. Con sus óleos, grabados y dibujos dio inicio el Romanticismo en la pintura en España. Tanto influyó en las vanguardias pictóricas del siglo XX (el expresionismo, la abstracción...) que es considerado el iniciador de la pintura contemporánea.

Sus grabados que componen la serie *Los desastres de la guerra* denuncian la tortura y la pena de muerte, los sufrimientos provocados por padecer hambre y carestía, el Estado absolutista, el dogmatismo y la superstición.

Otros de sus cuadros, entre los que se encuentran los famosos sobre la carga y los fusilamientos del 2 y del 3 de mayo de 1808 en Madrid, reflejan críticamente la injusticia y horror de la guerra y las consecuencias de la represión política.

Finalmente, otras de sus pinturas, integradas en la serie *Pinturas negras*, entre las que se halla el cuadro titulado *La riña o duelo a garrotazos*, son un contundente ejemplo de la sinrazón de la violencia y de la estupidez de la lucha fratricida.

emprender aprender

Las Jornadas del Respeto

Para organizar estas jornadas, seguid estas pautas:

- Organizaos en grupos y buscad información en textos, vídeos y carteles de anuncios publicitarios que reflejen situaciones de igualdad y también de desigualdad entre razas, sexos...
- Después, elaborad un guion para confrontar los casos recogidos. Por ejemplo, si disponéis de dos anuncios publicitarios que discriminan a la mujer y de otros dos que denuncian esas prácticas en diferentes ámbitos de la vida tanto privada como pública, podéis montar una breve secuencia de imágenes alternando esos anuncios bajo los rótulos: «Así, no» y «Así, sí», respectivamente.
- También podéis dibujar escenas que muestren situaciones de respeto entre jóvenes y mayores. Por ejemplo, un joven cediendo el asiento a una anciana en el autobús.
- Recopilad fotografías en las que se vea a personas de distinta raza, religión, grupo étnico o nacionalidad dialogando y ayudándose.

Calendario de los derechos

Elaboración de un calendario semanal de los derechos:

LUNES	**La igualdad entre razas**
MARTES	**Hombres y mujeres: iguales, aunque diferentes**
MIÉRCOLES	**El día de todas las naciones**
JUEVES	**Campaña para salvar a...**
VIERNES	**Lucha contra la pobreza**

El material elaborado será expuesto en el centro escolar.

11

Solución de conflictos

Habilidades sociales

Los conflictos con los demás son inevitables. Ahora bien, se pueden solucionar con una actitud asertiva, encaminada al entendimiento mutuo en un ambiente de diálogo que permita aportar argumentos que respeten la dignidad de todos y fomenten la convivencia.

En esta tarea, la ética resulta muy útil, porque es una reflexión práctica sobre problemas morales universales, como la justicia, la paz, la libertad o la felicidad.

Pero tiene que ir acompañada de habilidades sociales, mediante las cuales mejoramos la relación con otras personas, disminuimos la ansiedad ante determinadas situaciones e incrementamos la autoestima. Estas habilidades se basan en la educación en buenos hábitos y normas, y en la inteligencia emocional.

Para solucionar un conflicto, hay que tener en cuenta las aspiraciones humanas a la felicidad y a la justicia, y lograr un equilibrio entre ellas.

Muchas personas y muchas instituciones trabajan solucionando conflictos. ¡Sé una de ellas!

En esta unidad vas a estudiar

1 Cómo afrontar los conflictos de forma inteligente.
2 Cómo relacionarnos.
3 A pensar y a decidir para solucionar los conflictos.
4 Personas, normas e instituciones que ayudan a resolver conflictos.

Reflexionamos

El origen de un conflicto personal

Jessica me formuló un montón de preguntas acerca de mi almuerzo, y en clase de trigonometría me dijo:

—¿Qué quería ayer Edward Cullen?

—No lo sé —respondí con sinceridad—. En realidad, no fue al grano.

—Parecías como enfadada —comentó a ver si me sonsacaba algo.

—¿Sí? —mantuve el rostro inexpresivo.

—Ya sabes, nunca antes le había visto sentarse con nadie que no fuera su familia. Era extraño.

—Extraño en verdad —coincidí. [...]

Lo peor del viernes fue que, a pesar de saber que él no iba a estar presente, aún albergaba esperanzas. Cuando entré en la cafetería en compañía de Jessica y Mike, no pude evitar mirar la mesa en la que Rosalie, Alice y Jasper se sentaban a hablar con las cabezas juntas. No pude contener la melancolía que me abrumó al comprender que no sabía cuánto tiempo tendría que esperar antes de volverlo a ver. [...]

Intercepté unas cuantas miradas poco amistosas por parte de Lauren durante el almuerzo, hecho que no comprendí hasta que salimos juntas del comedor. Estaba justo detrás de ella, a un solo pie de su pelo rubio, lacio y brillante, y no se dio cuenta, desde luego, cuando oí que le murmuraba a Mike:

—No sé por qué Bella —sonrió con desprecio al pronunciar mi nombre— no se sienta con los Cullen de ahora en adelante.

Hasta ese momento no me había percatado de la voz tan nasal y estridente que tenía, y me sorprendió la malicia que destilaba. En realidad, no la conocía muy bien; sin duda, no lo suficiente para que me detestara..., o eso había pensado.

Stephenie Meyer, *Luna nueva*, Alfaguara.

Dialogamos

1 Identifica las expresiones, gestos y estados de ánimo que aparecen en este texto.

2 ¿Cuáles fomentan o entorpecen las relaciones interpersonales? Argumenta la respuesta y debatid sobre cómo evitar las inconvenientes.

1 Actuamos con inteligencia

1.1 Los conflictos

Somos animales sociales, pero, junto a nuestra tendencia a vivir en grupo y a apoyarnos en los demás para conseguir nuestras metas, existe también en nosotros la tendencia opuesta: la de vivir nuestra vida en sentido individual, buscando por encima de todo la satisfacción de nuestros intereses personales. Esto es, somos insociables a la vez que sociables.

Cuando convivimos, inevitablemente surgen conflictos. Un conflicto es un enfrentamiento derivado de un problema y un problema es, como decía el filósofo José Ortega y Gasset, una encrucijada que se presenta a nuestra inteligencia. Para resolver los problemas, tenemos, pues, que pensar.

Ante los conflictos podemos adoptar tres tipos de actitudes:

a) El enfrentamiento, que conduce inmediata e inevitablemente a más conflictos.

b) La inhibición, que suele generar frustración.

c) La asertividad, que es más provechosa, porque se apoya en la serenidad, en la exposición de argumentos de manera razonada y, al mismo tiempo, en la firmeza para tratar de alcanzar una solución equilibrada.

Así pues, la asertividad es la actitud más inteligente, porque es una acción encaminada al entendimiento mutuo.

Las personas tenemos que conjugar nuestros intereses personales con la vida en sociedad para evitar conflictos.

1.2 Ser inteligentes ante los conflictos

Los animales también disputan entre ellos. Lo hacen para conseguir alimento, para aparearse o para obtener una posición social más alta. Pero no pueden resolver sus enfrentamientos de un modo racional y discursivo, pues su capacidad de comunicación es limitada, ya que carecen de un lenguaje que les permita razonar y argumentar.

La inteligencia nos permite resolver sin violencia muchos problemas, tanto los urgentes como los que tienen poca importancia. Algunos conflictos afectan a unas pocas personas, otros a muchas y unos cuantos a todos, pero todos necesitan una solución. No podríamos afrontar esa tarea sin nuestra inteligencia.

Pongamos un ejemplo: imaginemos que dos personas se llevan mal. Ser inteligente en este caso consistirá en conseguir que adopten una actitud de diálogo que permita aportar argumentos bien razonados y prudentes que respeten la dignidad de ambas y fomenten el entendimiento entre ellas.

Los animales compiten para sobrevivir, pues no tienen la capacidad de razonar y de argumentar para resolver sus conflictos.

1.3 La inteligencia ética

La ética es una reflexión práctica sobre problemas morales universales (la justicia, la paz, la libertad, la felicidad). Su objeto es que el ser humano viva mejor. Pero esto también lo pretenden la ciencia y la técnica, aunque las soluciones que proporciona la ética son diferentes.

Hay una característica fundamental que la hace singular: la manera en que ayuda a resolver los conflictos. Ese modo especial de solucionarlos consiste en apelar simultáneamente a dos principios básicos: la felicidad y la justicia. La felicidad no es posible sin la justicia, pues se deben tener en cuenta de manera imparcial y razonable los intereses de todos para hacer posible la convivencia.

Si queremos convivir de acuerdo con unos principios morales comunes, no queda más remedio que dedicar tiempo a reflexionar seriamente sobre qué nos proponemos y cómo podemos lograrlo. No cabe aceptar soluciones solo para algunos ni aquellas que perjudiquen a los demás. Actuar sin pensar o negar los problemas tampoco resolverá nuestras dificultades.

Comprende, piensa, investiga...

1 ¿Qué te hace feliz? ¿Puedes serlo si las personas que te rodean están sufriendo?

2 ¿Qué es la inteligencia? ¿En qué dos principios básicos se basa la inteligencia ética?

3 Busca algún ejemplo de cómo resuelven sus conflictos los animales. Exponlo en clase.

4 Poned en común algunos problemas que afecten a toda la clase y plantead posibles soluciones. Después, reflexionad sobre cuáles de esas soluciones son más equilibradas y eficientes.

2 Saber relacionarse

2.1 Las habilidades sociales

Las funciones básicas de las habilidades sociales son mejorar la relación con otras personas, disminuir la ansiedad ante determinadas situaciones e incrementar la autoestima.

Todos podemos desarrollar ciertas habilidades sociales; existen varias estrategias para ello. Tienen que ver con la forma en que nos dirigimos a los demás y cómo dominamos nuestras emociones para establecer cauces de convivencia superando los conflictos. Ninguna de esas estrategias funcionaría correctamente sin contar con la asertividad y la empatía.

La psicología actual destaca la importancia de estas dos cualidades y procura dar pautas no solo para reconocerlas, sino también para fomentarlas. Conocernos bien a nosotros mismos, entender a los demás y procurar conseguir realizar aquellos objetivos justos para todos son propósitos que debemos tratar de alcanzar juntos.

La educación no puede consistir, por lo tanto, ni única ni primordialmente en adquirir unos conocimientos sobre disciplinas más o menos técnicas y difíciles, sino que tiene que atender también a aquellos aspectos que nos convierten en mejores personas y en mejores ciudadanos. Este es, precisamente, el fundamento de materias como esta.

Las habilidades sociales nos permiten mejorar nuestras relaciones con los demás.

2.2 El poder de la palabra

Somos animales que hablan y gran parte de nuestro aprendizaje y de nuestras relaciones sociales se basan en el poder de la palabra. Por eso, para disponer de una buena convivencia social, no debemos descuidarla.

Es habitual que un individuo se encuentre en situaciones en las que un grupo de personas, desconocidas para él, charlan amistosamente, mientras él permanece al margen. Por ejemplo, cuando un estudiante nuevo se incorpora a nuestra clase. En ese momento es cuando más se necesita dominar la habilidad para iniciar una conversación con un desconocido.

Pero ¿cómo hacerlo? Lo primero, evidentemente, es acercarse amablemente al desconocido y presentarnos para, de ese modo, mostrarnos como alguien sociable. En estos casos, la sonrisa es de gran ayuda, porque la conversación también necesita de gestos que, si son agradables, mejoran las relaciones. Demostrar tranquilidad y actitudes positivas permite fortalecer la conversación.

Si los gestos son importantes para entablar una conversación, aún más lo son las palabras. En una conversación sostenida con habilidad social no pueden faltar expresiones del tipo: «Hola, ¿qué tal estás?», «Por favor, permíteme...», «Disculpa un momento, ¿podrías...?», etc.

En todo momento has de tener presente que al iniciar una conversación con un desconocido es imprescindible buscar puntos en común, compartidos: gustos, ideas, sensaciones... Igual de importante es mostrar siempre respeto por su privacidad y ser amable.

2.3 Inteligencia emocional

Si saber comunicarte es importante, también lo es saber dominar las emociones y los sentimientos. El éxito en esa tarea depende, en buena medida, de la inteligencia emocional.

Para conseguirlo, hay que ser honrado con uno mismo, saber por qué sentimos lo que sentimos y asumirlo para superarlo. Por ejemplo, puede que sientas envidia de un compañero o de una compañera porque ha sacado un diez en el examen y tú no. No pasa nada, si reconoces la envidia que sientes y sabes por qué, ya estás en el buen camino para superarla. Por supuesto, has de estudiar un poco más y apreciar objetivamente los méritos de esa persona.

El estudio de situaciones como la anterior ha situado las inteligencias intrapersonal e interpersonal o el factor emocional en el primer plano de la psicología de finales del siglo XX y principios del siglo XXI.

Lo más importante es tener en cuenta que, al igual que con otras cualidades, son aspectos en los que podemos mejorar con esfuerzo.

La inteligencia emocional es la cualidad de dominar las emociones y los sentimientos.

Comprende, piensa, investiga...

1 Define el concepto de habilidades sociales e identifica sus funciones.

2 **Controlar.** Enuncia situaciones en las que tus emociones te han dominado y propón medidas para controlarlas.

3 Debatid sobre qué asuntos generan más envidias entre compañeros y compañeras, y pensad en cómo resolverlos.

3 Pensar bien, decidir mejor

3.1 Cómo encontrar soluciones

Las soluciones a los problemas y a los conflictos entre las personas no siempre se encuentran actuando individualmente. En muchas ocasiones, las estrategias de colaboración y de cooperación resultan más acertadas.

En particular, para asuntos relacionados con conflictos sociales, conviene que todos los implicados participen en la deliberación y en la decisión. Esto contribuirá a que se comprometan a la hora de llevar a cabo la solución consensuada.

Pero, para que esto funcione, cada uno tiene que responsabilizarse de su conducta y de su opinión. Así, al debatir sobre la solución que se va a adoptar, debemos tener en cuenta las consecuencias de nuestra conducta y cómo nos gustaría ser tratados.

Por ejemplo, si queremos que nos atiendan, debemos corresponder: llegado el momento de decidir, es imprescindible esforzarse por escuchar a los otros, dialogar de forma tranquila y respetuosa, ser tolerantes, pero también firmes e independientes, y utilizar argumentos razonados correctamente.

No podemos construir nuestra felicidad sobre el sufrimiento de inocentes, y no hay mayoría que justifique el atropello de los derechos de los demás. Tener claro que el objetivo es procurar hacer lo mejor nos puede guiar en nuestras deliberaciones.

La mejor forma de hallar soluciones a los problemas es dialogar de forma tranquila y respetuosa.

3.2 Qué debemos hacer

Siempre deberíamos hacer lo correcto. Pero ¿cómo sabemos en qué consiste? Y, además, si lo adecuado para todos te perjudicase particularmente, ¿qué harías? Hemos de afrontar los problemas con inteligencia y con voluntad de llegar a acuerdos de forma solidaria, porque estas posturas son las más adecuadas para construir una sociedad justa.

Las soluciones basadas en el odio, la furia, la simple complacencia y la falta de empatía suelen generar más problemas de los que han resuelto. En ocasiones, cuando estemos ante un abuso, es normal que sintamos rabia. Pero no debemos dejarnos llevar por la ira, sino buscar una solución pacífica.

Ahora bien, esto no quiere decir que el infractor se quede sin sanción o pueda repetir su conducta. Tenemos la obligación de procurar prevenir los problemas.

Nuestros sistemas de sanciones tienen un componente educativo. Los castigos escolares deben procurar contribuir a que tanto el que debe cumplirlo como quienes lo rodean puedan corregirse y mejorar. Incluso la mayoría de los códigos penales están enfocados hacia la reinserción. No sancionamos por venganza ni por que estemos hartos, sino tratando de construir una sociedad mejor.

La empatía hacia los demás genera un ambiente que facilita la resolución de los problemas de forma pacífica y justa.

3.3 Buscar la felicidad y la justicia

Es difícil actuar bien constantemente, pero no debemos dejar de intentarlo. Cuando nos planteemos qué hacer ante un conflicto para solucionarlo, conviene tener en cuenta dos de las aspiraciones de todo ser humano: la felicidad y la justicia.

Aristóteles decía que todo ser humano desea ser feliz, y añadía que no era posible sin la justicia y que esta no sería tal si no permitía la felicidad de los ciudadanos. Puede que alguien no alcance su felicidad personal únicamente con la existencia de la justicia social, pero si no recibe un trato que considere justo, será infeliz.

La búsqueda de ese equilibrio ha inspirado la redacción de muchas constituciones y leyes políticas. Por ejemplo, en la Declaración de Independencia por la que Estados Unidos se independizó de Gran Bretaña se afirma que el fin del Gobierno es alcanzar la justicia y la felicidad. También la Constitución española de 1812 proclamaba que «el objeto del Gobierno es la felicidad de la nación».

Comprende, piensa, investiga...

1 Ante un conflicto, ¿basta con tener buena intención para resolverlo? Justifica tu opinión.

2 ¿Qué características tiene que tener una sanción para que podamos considerarla justa? Elaborad un pequeño código de sanciones para las faltas más habituales en el aula.

3 Debatid en el aula sobre qué es más importante: la felicidad de cada uno o la justicia social.

4 Resolvemos los conflictos

4.1 La educación moral

¿Qué está bien y qué está mal? No siempre es evidente. Por ejemplo, conducir por la derecha o por la izquierda es arbitrario, hasta el punto de que hay lugares donde se hace por un lado o por el otro. Sin embargo, una vez que una sociedad ha hecho una elección e implantado unas normas, todos debemos cumplirlas.

En Gran Bretaña, los coches tienen el volante a la derecha y todo el mundo circula por su izquierda. Esto permite una armonía que facilita la circulación tan adecuadamente como en el resto de Europa, donde se circula por la derecha. Sin embargo, quien conduce en sentido contrario a las normas de circulación, ya sea aquí o allí, pone en peligro su vida y las de los demás.

Las normas morales se tienen que aprender, igual que las normas de tráfico, mediante la educación.

Lo mismo ocurre con el bien y con el mal morales. Para actuar correctamente, necesitamos que nos enseñen. En efecto, no nacemos siendo buenos ni malos, sino que aprendemos a comportarnos de una o de otra manera. En esa tarea, la educación es muy importante.

Además de una información correcta y útil, la educación nos aporta un código de normas en las que apoyarnos para crecer y desarrollar nuestro proyecto de vida. Cada persona es como una catedral que eleva su estructura sobre unos cimientos que sustentan todo el edificio. Los buenos hábitos y las buenas normas son los cimientos en los que se apoya la persona.

Tolerancia, solidaridad, prudencia, amistad, respeto, cortesía, honestidad... son buenos hábitos. Sirven para mejorar la convivencia. Pero también necesitamos aprender los buenos hábitos. Para ello solo hay una manera: practicarlos. Como afirma André Comte-Sponville: «El bien no es para contemplarlo, es para hacerlo».

4.2 Las buenas normas

Mediante la educación pueden transmitirnos buenos hábitos, pero únicamente los llevaremos a la práctica si nuestras acciones siguen normas adecuadas. No basta con que en una sociedad nos enseñen cómo debemos comportarnos, sino que deben hacerlo correctamente. Por ejemplo, si nos enseñan a odiar a un grupo de personas y a buscar su exterminio, entonces es mejor que no nos eduquen.

Las mejores normas dignifican a las personas, sirven de base para establecer entre nosotros el cultivo de la justicia y de la amistad, no limitan arbitrariamente nuestra libertad, protegen nuestros derechos fundamentales y nos permiten buscar la felicidad; en definitiva, buenas normas son aquellas que ayudan a las personas en vez de someterlas.

Las normas están presentes en cualquier esfera de nuestra vida: es posible hallarlas en nuestras relaciones familiares o con los amigos y en otros ámbitos de nuestra vida privada. Pero las buenas normas también se aplican en el ámbito público, el de las relaciones sociales en general. En este caso, garantizan a los ciudadanos un trato justo, en condiciones de igualdad y con libertad.

4.3 Instituciones que resuelven conflictos

La moral y el derecho se apoyan en instituciones que ayudan a mejorar las condiciones de vida de las personas resolviendo algunos de sus problemas. Entre esas instituciones destacan algunas ONG.

Pero también los Estados disponen de sus propias instituciones para ayudar a los ciudadanos: el sistema público de salud, los cuerpos de seguridad, los servicios de atención al ciudadano, los centros educativos, los tribunales de justicia...

Otras instituciones internacionales están dedicadas a salvaguardar los derechos humanos y a participar en misiones de paz allí donde hay guerras, como, por ejemplo, la ONU.

Comprende, piensa, investiga...

1 **Valorar.** Explica qué influencia tiene la educación en la moral. ¿Crees que tendrías los mismos valores si hubieras nacido en otra época o en un lugar diferente? Argumenta tu respuesta.

2 **Ejemplificar.** ¿Cómo han de ser las normas para ser buenas? Pon ejemplos de buenas normas en ámbitos distintos especificando su finalidad.

3 ¿Cómo se consigue adquirir buenos hábitos? ¿Por qué son importantes los buenos hábitos?

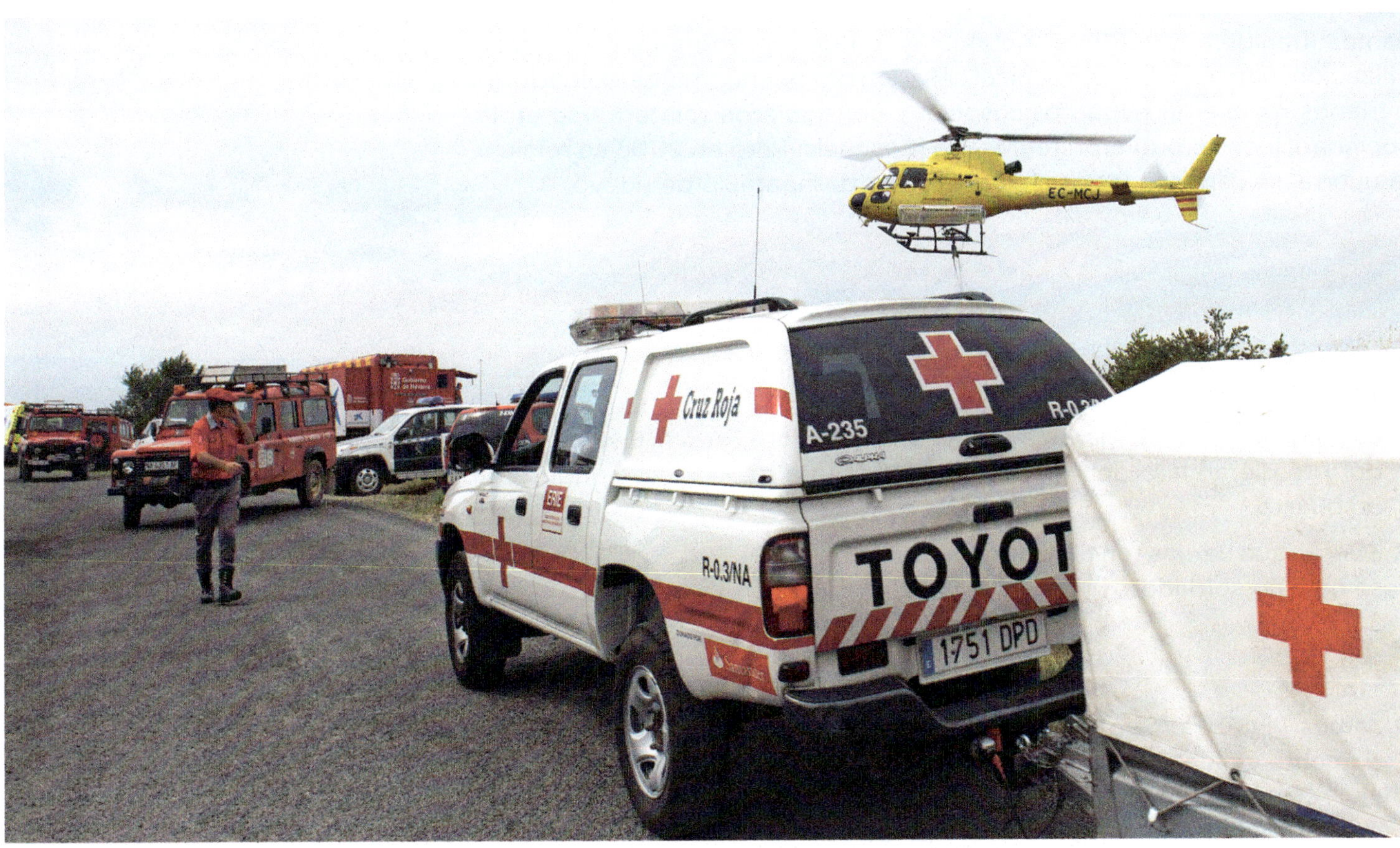

Entre otras, las instituciones de los Estados ayudan a los ciudadanos cuando tienen dificultades.

Aplica tus competencias

Hay circunstancias que hacen que la vida resulte extraordinariamente cruel con algunas personas, pues las sitúa en situaciones difíciles en las que tienen que adoptar decisiones y realizar actos terribles. En estos casos, son esas personas las primeras en sufrir las consecuencias de sus acciones y se ven involucradas en conflictos y en guerras de los que no pueden escapar.

¿Obedecerías una orden criminal?

Liberia (África) padeció hasta 2003 una horrible, cruel y sangrienta guerra civil que enfrentó a varias tribus. Fue un conflicto muy largo, ya que los primeros enfrentamientos datan del año 1989. La guerra dejó más de 250 000 muertos y casi un millón de refugiados.

Las mujeres y los niños fueron las víctimas peor paradas. Bastantes niños fueron obligados a convertirse en soldados tras ser capturados como esclavos, drogados, maltratados y condenados a matar o a morir.

Uno de esos niños se llamaba James, conocido como «Capitán Jefe de Guerra». Cuando fue apresado en el año 1991, tenía solo seis años. Su padre fue detenido y sus captores le dijeron que si no les obedecía, matarían a su padre. De esa forma, se vio obligado a matar a otras personas y a comportarse cruelmente.

James fue liberado en 1996 y con la ayuda de un programa de desmovilización patrocinado por Unicef, él y otros muchos niños soldado liberianos recibieron ayuda psicosocial y consiguieron reintegrarse en la sociedad; incluso pudieron regresar a la escuela. Pero en 2003 se reinició la guerra, se cerraron las escuelas y James desapareció de nuevo.

Comprende el texto y exprésate

1 ¿Qué harías si te obligaran a convertirte en soldado y te dieran la orden de matar? Argumenta tu respuesta.

2 ¿Crees que James tenía otra salida que convertirse en niño soldado?

Reflexiona

3 James vivió y creció en una sociedad extremadamente violenta asolada por una cruenta guerra civil. ¿Qué educación crees que recibió? ¿Por qué piensas que desapareció de nuevo en 2003?

Buscad información

4 Investigad sobre la utilización de los niños como soldados en diversas partes del mundo. Elaborad un mapa con los países en los que actualmente combaten los niños soldado y presentad en clase algunos otros casos como el de James.

Aprende a debatir

5 Los niños soldado viven en unas condiciones terribles. Debatid sobre qué se podría hacer para incorporarlos a la vida social una vez que han sido rescatados de los grupos que los retienen y los utilizan.

Los valores en la historia. Los pacificadores

En 1895, un año antes de morir, el millonario sueco Alfred Nobel instituyó el Premio Nobel de la Paz, que se unía a los galardones que había instituido previamente: química, física, literatura, medicina. A todos ellos se añadió posteriormente, en el año 1968, el de economía.

Los ganadores pueden ser personas e instituciones, pero todas han de destacar por su labor en defensa de la paz, el respeto de los derechos humanos, la reducción de los ejércitos, la ayuda humanitaria, la mediación en conflictos nacionales o internacionales... En definitiva, por desempeñar con éxito tareas de pacificación.

En 1901 comenzó la entrega de este galardón. En aquella ocasión fue compartido por el francés Frédéric Passy y el suizo Henry Dunant. Al primero se le otorgó por su labor al frente del primer Congreso Universal por la Paz, y al segundo, por la creación del Comité Internacional de la Cruz Roja.

En 2012 y en 2013 fueron premiadas instituciones internacionales: la UE, por su contribución durante más de sesenta años al establecimiento de la paz, la democracia y los derechos humanos en Europa, y la Organización para la Prohibición de Armas Químicas, con sede en La Haya, por su trabajo para eliminar ese tipo de armas.

El galardón de 2014 recayó en Malala Youszafi, de Pakistán, y Kailash Satyarthi, de India, por su lucha contra la represión de los niños y de las mujeres y por el derecho de todos los jóvenes a la educación.

emprender aprender

Grabamos un vídeo sobre buenos hábitos

Organizaos en grupos para repartir y ejecutar las tareas necesarias para grabar los vídeos.

Primero, seleccionad los hábitos que consideréis más adecuados para fomentar la convivencia en el centro escolar, entre los amigos, con la familia y para resolver los conflictos sociales.

Después, escribid el guion, seleccionad el reparto y escoged a los encargados de la parte técnica.

Una vez elaborados los vídeos, se puede organizar un certamen para su exposición en el centro y establecer un premio para el ganador.

ELABORAMOS UN DOCUMENTAL

Para filmar el documental, lo primero que tenéis que hacer es escribir un guion en el que se recojan las indicaciones técnicas necesarias para la realización de la grabación. Vosotros vais a ser los guionistas y los directores, y trabajaréis por parejas.

Redactad el guion siguiendo estos tres pasos: encabezado (1), descripción de la acción (2) y diálogos (3). No debéis superar las dos páginas, que irán numeradas.

1) Indicad el lugar y el momento concretos en los que transcurre la acción.
2) Anotad todas las indicaciones relevantes, incluso los sonidos y los objetos que deben aparecer en la escena.
3) Incluid los diálogos, que son las palabras que intercambian los personajes en sus conversaciones. Además, para dar alguna información acerca de una acción que el personaje debe realizar mientras habla, o del tono de voz que debe emplear, se utiliza una acotación, que se escribe entre paréntesis.

12

Vida pública y libertad

Coincidencia de lo justo y lo legal

Las sociedades como la nuestra crean servicios públicos que sirven para atender necesidades sociales y que pagamos entre todos mediante los impuestos. En ellas, es importante que exista un equilibrio entre las obligaciones y los derechos de los ciudadanos.

Los autores de la Ilustración procuraron aclarar los límites de las obligaciones de los ciudadanos. Y Sócrates señaló que las sociedades no pueden funcionar si cada uno puede negarse a cumplir una ley cuando la considera injusta.

La ética nos ayuda a pensar acerca de lo justo. Y el derecho reflexiona y establece leyes. Lo ideal sería que lo justo y lo legal coincidieran.

Con este objetivo, la Declaración Universal de los Derechos Humanos ofrece un criterio de referencia con gran aceptación en la actualidad para reconocer si una ley es justa o no.

En cualquier caso, el cumplimiento de la ley garantiza más libertad que su ausencia. Y la respuesta asertiva ante las injusticias es más beneficiosa que las respuestas pasiva y agresiva.

En esta unidad vas a estudiar

1. La distinción entre lo público y lo privado.
2. Los límites de la colaboración y de la exigencia a los ciudadanos de la sociedad en la que viven.
3. La relación entre la ética y el derecho.
4. La actitud que se ha de adoptar ante la injusticia.

Reflexionamos

Un conflicto moral

—Por Dios, Laurence, está muy equivocado si cree que puede amotinarse aquí, en pleno Whitehall. Creo que tal vez se está olvidando de que su primer deber es para con su país y su rey, no para con ese dragón suyo.

—No, señor. Es usted quien se olvida. Fue por deber por lo que le puse el arnés a Temerario, sacrificando así mi carrera naval cuando aún ignoraba que pertenecía a una raza tan fuera de lo común, y mucho menos que era un Celestial —respondió Laurence—. Y también por deber le sometí a un duro adiestramiento y a un servicio muy peligroso. Por deber le he llevado a la batalla y le he pedido que arriesgue su vida y su felicidad. No pienso corresponder a tanta lealtad con mentiras y engaños.

—¡Menos alharacas! —le atajó Barham—. Cualquiera creería que le estamos pidiendo que renuncie a su hijo primogénito. Siento mucho si ha mimado demasiado a esa mascota y ahora no soporta perderla.

—Temerario no es mi mascota ni mi propiedad, señor —le espetó Laurence—. Ha servido a Inglaterra tan bien como yo o como usted mismo. Ahora, como no quiere volver a China, me piden ustedes que le mienta. No consigo imaginar la forma de decirles que sí y a la vez conservar mi honor. De hecho —añadió, incapaz de contenerse—, me asombra cómo han podido siquiera hacerme semejante propuesta. Sí, de veras que me asombra.

—¡Oh, váyase al infierno, Laurence! —estalló Barham mientras perdía el último barniz de formalidad. Había servido muchos años como oficial en alta mar antes de incorporarse al gobierno y cuando perdía la paciencia era de todo menos político—. Él es un dragón chino, así que lo más lógico es que prefiera estar en China. En cualquier caso, les pertenece a ellos y punto final. La acusación de robo es muy desagradable, y el Gobierno de Su Majestad no está dispuesto a dar motivo para ella.

Naomi Novik, *El trono de jade*, I, 1, Alfaguara.

Dialogamos

1 El protagonista se encuentra en un conflicto entre el deber con su país y su obligación moral. ¿Puedes poner algún ejemplo similar?

2 ¿Cómo crees que debe actuar una persona si se encuentra ante un dilema como este?

1 Vida privada y vida pública

Vivir en sociedad tiene bastantes ventajas: los demás nos enseñan, nos ayudan, nos alegran y nos complementan... Pero también tiene inconvenientes: compiten con nosotros, nos hacen daño, nos exigen...

1.1 Los servicios públicos

Desde un punto de vista estrictamente político, en cada sociedad los ciudadanos tienen una serie de derechos. Por ejemplo, el acceso a la sanidad, a la educación, a prestaciones por desempleo o jubilación, a unas fuerzas de orden público, a un sistema de justicia, a disponer de agua potable, a unas infraestructuras (carreteras, iluminación de las calles...), a un procesamiento de basuras y de residuos...; en definitiva, a una prestación de servicios públicos. Pero nada de eso es gratis, lo pagamos todo. ¿Cómo lo hacemos? Mediante los impuestos.

Así pues, nos beneficiamos de unos servicios que no podríamos financiar como individuos aislados, pero que sí son posibles gracias al esfuerzo común. Naturalmente, eso también implica que tenemos una serie de obligaciones, como la de no abusar de ellos, puesto que los estaríamos encareciendo o estaríamos privando a otros de usarlos, o la de no dañarlos mediante actos de vandalismo.

En sociedades tan grandes como la nuestra, la organización se vuelve muy complicada y exige un funcionamiento bastante estricto para intentar proporcionar la mayor cantidad y la mejor calidad de servicios posibles con el menor coste. Pero, sea como sea, siempre cuestan dinero y nos vemos obligados a contribuir y a colaborar.

Los servicios públicos son imprescindibles en sociedades tan grandes y tan complejas como la nuestra y deben ser financiados por todos los ciudadanos.

1.2 Distinción entre lo público y lo privado

Como ha quedado claro, los servicios públicos no son gratuitos; entonces, la pregunta que se plantea es cuánto estamos obligados a aportar si los necesitamos y queremos poder disfrutar de ellos. Lo cierto es que si las exigencias fuesen tan grandes que nos costasen todo lo que tenemos o nos convirtiesen en esclavos, entonces no merecerían la pena.

Por lo tanto, es necesario establecer unos límites en la colaboración, una línea que separe de manera clara lo que puedo exigir a la sociedad y lo que tengo que contribuir para su buen funcionamiento, lo que significa un abuso en mis peticiones porque no me corresponden y lo que no me puede pedir la sociedad porque sería un sacrificio excesivo. Esa línea es la que separa lo público de lo privado.

El apellido «público» hace referencia al pueblo: sanidad pública, educación pública, fuerzas de orden público, aportaciones públicas... Se supone que son cosas de todos y para todos. En cambio, son «privadas» las cosas que pertenecen o corresponden a una persona o a un grupo de personas. En ese sentido, todos participamos de lo público y de lo privado: somos individuos que viven en una sociedad.

Hay que distinguir entre el ámbito público y el privado, pues la sociedad no puede exigir un sacrificio excesivo a los individuos que viven en ella.

1.3 Mío y de todos

A nadie le gusta que le quiten lo que considera suyo. El concepto de propiedad está muy arraigado en el ser humano. Igual que los animales territoriales defienden su espacio o a los miembros de su grupo, las personas tenemos un acusado sentido de pertenencia: nos molesta que ataquen lo nuestro o a los nuestros, que alguien quiera arrebatarnos algo...

Sin embargo, muchas veces no tenemos tan claro que debamos defender lo que es de todos: los bancos de los parques públicos, los libros de la biblioteca pública, las farolas de la vía pública... Lo cierto es que también nos pertenecen. Además, son cosas que hemos comprado y cuyas reparaciones habrá que pagar, por lo que nos conviene que se mantengan en buen estado.

Si hacemos las cosas bien, lo público debe ser el resultado del esfuerzo de todos y ha de beneficiar a todos. En el mejor de los casos, deben contribuir más quienes más tienen y beneficiarse más los que más lo necesitan, evitando abusos de cualquier tipo.

Comprende, piensa, investiga...

1 Define «público» y «privado». Pon ejemplos de ambas cosas.

2 Las pintadas y los destrozos del mobiliario urbano son una muestra del desprecio por los bienes públicos. ¿Por qué crees que se producen estas conductas incívicas?

3 Debatid en clase qué puede exigírsele a un ciudadano en su contribución al bien común y a qué no puede obligársele.

2 Límites de la exigencia pública

Así pues, asumimos que todos debemos contribuir al bien público, pero ¿cuánto?, ¿cuáles son los límites que podemos marcar y más allá de los cuales no estamos obligados a aportar? Este tipo de preguntas se hicieron muy relevantes en los siglos XVII y XVIII en buena parte de Europa.

Locke sostenía que la sociedad había nacido para defender nuestra vida, permitir nuestra libertad y garantizar la propiedad de nuestros bienes.

2.1 Locke

El filósofo inglés John Locke defendió que si pertenecemos a una sociedad es para que proteja nuestra vida, nuestra libertad y nuestros bienes; por lo tanto, no puede quitarnos nada de eso.

Este límite marca su oposición al absolutismo: si los gobernantes quieren despojarnos de nuestros bienes, nos están declarando la guerra y tenemos derecho a defendernos. De ahí que su propuesta se denomine «liberalismo», porque pretende proteger la libertad de los individuos dentro del orden social. El poder de quien hace las leyes se termina allí donde acaba el bien público.

Locke inauguró la línea que conduce a las declaraciones de derechos humanos, puesto que mantenía que los seres humanos nacían libres, iguales e independientes «por naturaleza». Y argumentaba que no se podía quitar nada de ello a un ser humano sin su consentimiento, de manera que si se renunciaba a algunos derechos naturales, solo era a cambio de beneficios sociales: una vida cómoda, segura y pacífica que permitiese disfrutar de los propios bienes.

2.2 Rousseau

El filósofo francés Jean-Jacques Rousseau también se preguntó cuáles son los límites del poder político, hasta dónde estamos obligados a obedecer. Él opinaba que el bien común consiste en dos de los derechos que mencionaba Locke: la libertad y la igualdad. Por tanto, si esos son los objetivos de la sociedad, el fundamento del pacto por el que nos unimos a ella y nos comprometemos a obedecer, los gobernantes no pueden actuar contra ellos.

En su opinión, dado que quien va a tener que cumplir las leyes es el pueblo, solo él puede ser su autor. En último término, la soberanía pertenece al pueblo y adquiere su sentido por la búsqueda del bien común, de manera que los legisladores tienen que ser capaces de entender qué es lo que le conviene al pueblo para proponer cuáles son los deberes que hay que cumplir para conseguirlo.

¿Cuál es, por tanto, el límite del poder público? Pues, por ejemplo, pueden pedirme que contribuya en la construcción de un hospital o de una vía públicos, pero no en la del chalet o del palacio de un ciudadano particular.

2.3 Kant

Kant defendía la libertad de pensamiento y de opinión para que los investigadores pudieran buscar, exponer y proponer todas aquellas ideas que sirviesen para mejorar la vida humana.

No obstante, también sostenía que esa libertad no implicaba que alguien pudiera negarse a cumplir sus tareas profesionales, sus obligaciones adquiridas mediante un contrato con quien le ha encargado que desempeñe unas tareas determinadas.

El buen funcionamiento de una sociedad exige que algunos de sus miembros cumplan ciertas órdenes encaminadas a lograr los fines públicos. En esos casos, «no está permitido razonar, sino obedecer».

2.4 Sócrates

Pero, seguramente, el ejemplo más notable de la historia de la filosofía en cuanto al compromiso con las leyes es muy anterior y lo encontramos en la vida de Sócrates, filósofo griego del siglo V a. C., quien fue condenado injustamente a muerte pero se negó a huir cuando tuvo la oportunidad de escapar.

Para justificar su rechazo, argumentó así a sus discípulos: una fuga es algo injusto y nunca debe cometerse una injusticia, ni siquiera como respuesta a otra. Si lo hiciéramos, siempre podríamos considerar que los demás actúan incorrectamente y justificar cualquier fechoría, de manera que no puede tolerarse ese procedimiento. El respeto a la ley debe mantenerse incluso cuando se está en desacuerdo con ella. Pero eso no significa que no debamos intentar cambiar las leyes injustas.

Sócrates sacrificó su vida poniendo por delante la obligación de cumplir las leyes de la ciudad a la conveniencia de los individuos.

Comprende, piensa, investiga...

1 Resume las ideas de cada uno de los filósofos que hemos mencionado en este epígrafe.

2 ¿Consideráis que los tres derechos que defiende Locke, a la vida, a la libertad y a la propiedad, son esenciales? Comprobad si están recogidos en la Declaración Universal de los Derechos Humanos y debatid en clase sobre ellos.

3 **Juzgar.** ¿Qué te parece la actitud de Sócrates? ¿Crees que cada uno puede cumplir las leyes según le parezca que son correctas o no? ¿Por qué?

3 Ética y derecho

3.1 Justicia y ley

La ética intenta ayudarnos a averiguar qué está bien o qué está mal y por qué. Naturalmente, esta investigación nos orienta en la búsqueda de la justicia. Con ella intentamos establecer armonía individual y social. Nos interesan personas y sociedades justas.

¿Cómo repartir las tareas y los beneficios de todos para favorecer al máximo y perjudicar lo menos posible? Ciertamente, diferentes pueblos y autores han dado diversas respuestas a esta pregunta, de modo que lo que en unos lugares parece justo, en otros no lo es.

Para llevar a la práctica las decisiones de los gobernantes de una sociedad está el derecho. Su marco, curiosamente, no es tanto el de la justicia como el de la ley. Las cuestiones fundamentales son: ¿quiénes hacen las leyes?, ¿cómo las hacen?, ¿a quiénes se aplican? y ¿cómo se sanciona a quienes las incumplen?

Si los griegos fueron los grandes pensadores acerca de la justicia, nuestro sistema legal debe mucho más a los romanos.

3.2 La justicia en la Grecia clásica

Heráclito consideraba que la justicia era un asunto humano, dado que para Dios todo es bueno y justo, mientras que el sofista Protágoras pensaba que se trata de una decisión de cada sociedad según el criterio de su opinión pública.

La justicia suele relacionarse con la equidad, la igualdad o el equilibrio, por eso se la representa con una balanza.

No obstante, Sócrates y Platón tenían una idea de la justicia que la convertía en una realidad eterna e inmutable, y defendían que tanto la vida de los individuos como la organización del Estado debían regirse por el objetivo de alcanzar la justicia y el bien, más allá de los criterios variables de los gobernantes o de los jueces.

Sócrates incomodaba a sus conciudadanos preguntándoles: «¿No te avergüenzas de preocuparte de cómo tendrás las mayores riquezas, la mayor fama, los mayores honores y, en cambio, no te preocupas ni te interesas por la inteligencia, por la verdad y por cómo tu alma va a ser lo mejor posible?».

3.3 Roma y el derecho

El imperio romano se extendió tanto y perduró durante tanto tiempo que se hizo necesario que organizase un sólido y unitario sistema legal en el que se estableciese claramente y para todos los habitantes del imperio qué estaba permitido y qué estaba prohibido en todo su territorio. Naturalmente, se trató de una tarea ardua, dada la enorme variedad de costumbres, de creencias y de personas a las que debía aplicarse.

El derecho romano responde, por tanto, a cuestiones prácticas. Originariamente, los patricios (los nobles) eran quienes decidían acerca de las normas, pero el pueblo (los plebeyos) exigió que se les aclarara por escrito cuáles eran, para saber mejor a qué atenerse y para evitar la arbitrariedad y los abusos en la aplicación de las leyes por parte de los poderosos.

Naturalmente, la elaboración de esas normas fue un proceso largo y lleno de dificultades, pero lo importante es que se consiguió fijar un sistema aplicable con amplitud y uniformidad, que era conocido por los ciudadanos.

3.4 Relación entre ética y derecho

Aparentemente, la ética y el derecho deberían coincidir, porque lo ideal es que las leyes reflejen la justicia. Pero no siempre es así. Las leyes varían tanto de unas épocas a otras y de unos lugares a otros como para pensar que no todas ellas son justas. Y si hay leyes injustas, a la vez que hay cosas justas que no están amparadas por la ley..., la conclusión es clara: desgraciadamente, la ley y la justicia no siempre coinciden.

Además, es importante tener en cuenta que, aunque cada uno de nosotros podamos tener una idea más o menos firme y unívoca acerca de qué es justo y qué no lo es, no resulta fácil que todos nos pongamos de acuerdo en ello.

Otro problema añadido es el de la aplicación de las leyes a los casos concretos, que es la tarea de los jueces. Su trabajo consiste, precisamente, en hacer cumplir la ley, pero es una labor complicada, porque ningún caso es igual a otro, sus circunstancias son diferentes, y es necesario encajarlos en una norma general. Por tanto, aunque tuviéramos una idea universal de la justicia y unas leyes acordes con ella, aún persistiría la dificultad de su aplicación.

En Roma, el resultado de las luchas entre patricios y plebeyos fue la elaboración de un código legal que se aplicase a todos los ciudadanos.

Comprende, piensa, investiga...

1 Averigua la diferencia entre derecho privado y derecho público. Busca algún ejemplo de cada uno.

2 **Juzgar.** Imagina que un policía ha obtenido una grabación en la que un delincuente reconoce haber cometido un delito. Supón que la grabación no es legal. ¿Qué debe hacer el juez? ¿Por qué?

3 Debatid en clase sobre qué es la justicia. Por ejemplo, ¿consiste en dar a cada uno lo que merece o lo que necesita? Pensad y debatid sobre algún caso concreto.

4 La actitud ante la injusticia

4.1 La libertad y el cumplimiento de las leyes

En nuestra vida diaria nos sometemos a unas normas que consideramos justas. Y para establecer lo que nos parece justo o injusto contamos con un criterio generalmente aceptado: la Declaración Universal de los Derechos Humanos (DUDH).

Desde luego, eso no significa que podamos saltarnos las leyes apelando a esta declaración; todo lo contrario, debemos apoyarnos en ellas como garantía de nuestra libertad, para evitar que otros nos obliguen arbitrariamente a hacer lo que les conviene a ellos.

Si cada uno hiciera lo que quisiera, no ganaríamos libertad, sino que nos encontraríamos en una situación de permanente conflicto en la que los más fuertes impondrían su voluntad y la mayoría viviría esclavizada por ellos. Desde ese punto de vista, la publicación de las leyes sirve para garantizar la igualdad de oportunidades y de trato ante los jueces.

Parece que obedecer un código legal y social preserva la libertad mejor que eliminarlo o saltárnoslo. Aunque eso no implica que debamos mostrar una sumisión absoluta a las leyes, sino una actitud crítica, poniendo de manifiesto situaciones injustas e intentando colaborar para que las leyes se adapten y se corrijan.

La Declaración Universal de los Derechos Humanos de la ONU es un criterio generalmente aceptado para establecer qué es la justicia.

4.2 El respeto a los derechos humanos

Aunque no nos resulte fácil establecer unos criterios y unos principios sobre la justicia que tengan validez universal, un punto de partida que parece haber suscitado un consenso muy extendido desde mediados del siglo XX son los derechos humanos.

La igualdad ante la ley, que no se discrimine a nadie, el respeto a la vida y a la libertad de todas las personas, así como tratar de extender beneficios, como la atención a la salud o ciertos derechos laborales, parecen objetivos deseables.

La defensa de estos derechos nos favorece a todos por igual y constituye la aplicación práctica de la idea de que no debemos hacer a los demás lo que no queramos que nos hagan a nosotros.

Desde ese punto de vista, las actitudes y los comportamientos encaminados a discriminar y a maltratar a determinadas personas o grupos no solo pueden ser considerados algo injusto, sino que, además, son ilegales, dada la influencia de la Declaración Universal de los Derechos Humanos en las leyes que se aplican en todos los países que forman parte de la ONU, que han reconocido y se han comprometido a respetar y hacer cumplir tales derechos y libertades.

4.3 La asertividad

Indudablemente, se pueden producir injusticias y, para combatirlas, existen tres maneras de reaccionar ante los conflictos que se puedan producir por esta causa:

a) La agresiva: consiste en enfadarnos, protestar e incluso tratar de conseguir mediante amenazas y con el uso de la violencia aquello que deseamos.

b) La inhibida: es la que adoptamos cuando decidimos no intervenir, cuando preferimos mantenernos al margen y aceptar las injusticias como algo inevitable.

c) La asertiva: supone afrontar la situación con serenidad, intentando exponer nuestros argumentos y permaneciendo firmes para tratar de llegar a una solución adecuada.

Como parece evidente, la actitud asertiva es la que resulta más beneficiosa para todo el mundo, pero no siempre es fácil de mantener. Exige una seguridad y una confianza en uno mismo que no siempre tenemos, pero que se puede mejorar.

En ese sentido, la adolescencia es una fase crucial: por un lado, resulta un momento especialmente crítico y difícil, dado que los cambios que afectan a la persona la hacen más insegura sobre quién es y qué es capaz de hacer, pero, por otro, es precisamente la ocasión en la que la elección de las opciones correctas va a permitir consolidar una personalidad más firme y mucho más eficaz en el futuro.

La adolescencia es el período de nuestra vida en el que debemos aprender a negarnos a cometer injusticias o actos que puedan perjudicar la salud de los demás o la nuestra. Y tenemos que conseguir hacerlo con educación y con firmeza, siendo capaces de mantener una decisión justa sin someternos a presiones dañinas.

Comprende, piensa, investiga...

1 **Ejemplificar.** ¿Crees que puede haber algún conflicto entre cumplir las leyes y ser libre? Arguméntalo y pon algún ejemplo.

2 **Criticar.** Imagina que vives en un régimen dictatorial que promulga leyes injustas; por ejemplo, contra alguna minoría. ¿Qué sentido tendría cumplir las leyes? ¿Qué deberían hacer los ciudadanos?

3 Piensa en una situación conflictiva y pon un ejemplo de cómo se reaccionaría ante ella según cada una de las actitudes explicadas.

La adolescencia es una etapa crucial en la vida de todas las personas, en la que se tiene que consolidar una personalidad firme y eficaz.

Taller de valores

Aplica tus competencias

No siempre es fácil compaginar la defensa de la justicia y de la libertad con el respeto a las leyes. Ante una condena injusta o frente a un gobierno tiránico, los ciudadanos tienen derecho a poder hacer algo. Pero eso no evita el conflicto entre el valor moral que obliga a cumplir las leyes y la necesidad de buscar la justicia. En ese caso, ¿qué se puede hacer?, ¿qué es lo justo?

Si yo fuera Sócrates...

En el año 399 a. C., Sócrates fue condenado a muerte en Atenas. Este filósofo consideraba que la felicidad solo se alcanza si nos comportamos de una manera justa. En alguna ocasión, le preguntaron si dudaba acerca de la felicidad del hombre más rico de la Tierra, el rey de Persia. Sócrates, efectivamente, dudaba, y respondió que si era justo, sería feliz, mientras que, en caso contrario, no. En su opinión, no había mal alguno para la persona justa, ni cuando vive ni después de muerta.

Cuando el oráculo de Delfos, la voz del dios Apolo, lo señaló como el hombre más sabio del mundo, él se extrañó, puesto que estaba convencido de su ignorancia. Entonces, salió al ágora a entrevistar a los sabios más famosos, tratando de apreciar sus conocimientos. Sin embargo, una y otra vez, terminaba descubriendo que no eran tan sabios como pretendían. Esto hizo quedar en ridículo a muchos de estos grandes maestros, por lo que se granjeó algunas enemistades, capaces de acusarlo con falsedades y de conseguir una condena de muerte.

Pero su ejecución no tuvo lugar inmediatamente después de la sentencia, dado que coincidió con unas festividades religiosas, y algunos de sus amigos sobornaron al carcelero para que lo dejara escapar.

Sin embargo, cuando se presentaron de noche para liberarlo, Sócrates les dijo que antes de fugarse debería reflexionar sobre si escaparse era justo o no.

Reflexiona sobre un caso real

1 **Explicar.** Si, como en el caso de Sócrates, te hubieran condenado de una manera injusta y también se te presentara la ocasión de fugarte, ¿lo harías? Explica la opción que hayas elegido.

2 **Explicar.** Y si, por el contrario, tu condena hubiera sido justa para castigarte por un delito, ¿cambiaría en algo tu decisión de fugarte o de cumplir tu condena? ¿Por qué?

Valora una conducta

3 Averigua qué dijo Sócrates a sus amigos cuando fueron a liberarlo. Comenta si estás de acuerdo o en desacuerdo con sus argumentos y explica por qué.

4 El director y actor de cine Woody Allen fabula, en su libro *Sin plumas,* sobre una pesadilla en la que él es Sócrates y, en esas circunstancias, se pone a gritar que no quiere morir. Encuentra y lee el texto de Woody Allen.

Los valores en la historia

El derecho de rebelión

¿Qué debe hacerse cuando un gobierno es injusto? En principio, si queremos que la sociedad funcione, debemos obedecer para evitar que cada uno haga lo que quiera y sea imposible la búsqueda del bien común. Sí, pero ¿y si las órdenes son injustas o quien las da es un tirano?

Como es lógico, las leyes establecidas por monarcas absolutistas no reconocían nada parecido a un derecho a rebelarse, pero en la Declaración de Independencia de los Estados Unidos (1776), los hasta entonces súbditos del rey de Inglaterra defendieron sus libertades ante al poder real:

«Sostenemos como evidentes estas verdades: que todos los hombres son creados iguales; que son dotados por su Creador de ciertos derechos inalienables; que entre estos están la vida, la libertad y la búsqueda de la felicidad; que para garantizar estos derechos se instituyen entre los hombres los gobiernos, que derivan sus poderes legítimos del consentimiento de los gobernados; que cuando quiera que una forma de gobierno se haga destructora de estos principios, el pueblo tiene el derecho a reformarla o abolirla e instituir un nuevo gobierno que se funde en dichos principios, y a organizar sus poderes en la forma que a su juicio ofrecerá las mayores probabilidades de alcanzar su seguridad y felicidad».

Sobre la base de estos valores, los habitantes de las colonias inglesas en Norteamérica afirmaron su independencia frente al rey inglés Jorge III de Gran Bretaña e Irlanda, que estaba convencido de que los colonos americanos debían pagarle impuestos y someterse a su gobierno. Jorge III terminó derrotado y se fundaron los Estados Unidos de América.

El mismo espíritu se recoge en el Preámbulo de la Declaración Universal de los Derechos Humanos, en el cual se asegura que los seres humanos deben estar protegidos por un Estado de derecho, para no verse obligados a rebelarse contra la tiranía y la opresión.

Buscamos la justicia

Durante nuestra vida, algunas veces nos veremos afectados por situaciones que consideraremos injustas, bien porque pensemos que no se respetan nuestros derechos, o bien porque creamos que se lesionan nuestros intereses.

En todos los casos, hay una serie de mecanismos que pueden ayudarnos a resolver la situación de una manera legal y pacífica.

Ahora bien, eso no significa que tengan que darnos siempre la razón. En ocasiones, podemos estar equivocados. Pero siempre tenemos derecho a solicitar que se juzgue si estamos en lo cierto o no.

emprender aprender

Aprendemos a presentar una reclamación

Cuando se produce una situación injusta o un conflicto, siempre existe una manera de resolverlos pacíficamente. Imagina que ha ocurrido en tu colegio algo así y entérate de cómo debes actuar:

1 Averigua cuáles son los pasos que deben seguirse si se considera que se produce un caso así.

2 Investiga cuáles son las maneras de evitar enfrentamientos, a quiénes se debe recurrir y cómo conviene hacerlo.

3 Pregunta sobre los procesos de mediación.

APRENDER ES CRECER EN CONEXIÓN es un proyecto educativo de Anaya Educación para el primer curso de la ESO.

En la realización de este libro han intervenido:

- **Edición:** Manuel Andaluz.
- **Diseño:** Dirección de arte: Javier Serrano. Cubierta: Patricia Gómez Serrano. Interiores: Marta Gómez Peso y Paco Martín. Desarrollo gráfico de cubierta: Juan Carlos Quignon
- **Maquetación:** Ángel Guerrero.
- **Corrección:** Sergio Borbolla.
- **Edición gráfica:** José María Marcelino.
- **Fotografías:**
  Archivo Anaya (Boé, O.; Cosano, P.; Lezama, D.; Martin, J.; Martín J. A.; Steel, M.; Ribera Jove, V.), Age, Album, Cordon Press/Corbis, Efe, Getty Images, Latin Stock/Corbis, Prisma,Thinkstock/Getty Images, 123 RF.

Las normas ortográficas seguidas en este libro son las establecidas por la Real Academia Española en la *Ortografía de la lengua española,* publicada en el año 2010.

Nuestras publicaciones mantienen el rigor en el uso y en la selección de los contenidos, en las imágenes y en el lenguaje, para cumplir con la **no discriminación** por razón de género, cultura u opinión.

IMPORTANTE. Las actividades propuestas en este libro deben ser realizadas en cuadernos u hojas sueltas; **nunca en el propio libro.**

ISBN: 978-84-678-8334-3 - Depósito Legal: M-15270-2015 - Printed in Spain.

ET024882/1E5I - 8421909